노력하는 엄마라서
힘든 겁니다

노력하는 엄마라서 힘든 겁니다

슬픔처럼 미루던 엄마의 행복을 찾는 라이프 Re:빨란싱

정수린 지음

서 사 원

◆

활발하게 사회생활을 하던 나는 결혼과 출산 이후 가족을 잘 돌보고 가꾸는 일이야말로 내 삶을 빛나게 하는 길이라고 믿어 '가족'을 삶의 첫 번째 가치로 삼았다. 남편과 아이와의 관계는 사랑으로 시작되었을지라도, 함께하는 가정의 현실은 고된 상황과 복잡한 감정들로 가득 차게 마련이다. 바쁘고 벅찬 일상에서 '사랑'은 쉽게 잊히지 않도록 애써야 하는 가치가 되어 버린다. 다양한 역할과 기대를 충족하려다 보면 나 자신의 마음과 몸이 지치고, 감정이 억눌리며 당연하게 해야 할 일들이 넘쳐 난다. 결혼 전에는 경험하지 못한 새로운 일상들이 펼쳐지고, 여러 선택과 갈림길에서 중심을 잃지 않으려 애쓰는 순간을 맞닥뜨리게 된다. 쌍둥이 워킹맘인 나는 시간적·물리적 제약을 느낄 때 종종 '엄마가 아니었다면 더 잘 해냈을 텐데'라는 생각을 하기도, 내가 잃어버린 자유와 평안함을 그리워하며 내 상황을 한탄하기도 했다. 여러 시행착오를 겪으며 아내와 엄마의 역할이 더해질수록, 마음 챙김의 중요성을 절감했다.

이 책은 '마음을 대하는 태도'에 관한 이야기다. 삶을 살다 보면 길을 헤맬 때도 있고, 방향을 잃을 때도 있다. 그럴 때일수록 내 마음을 깊이 바라볼 필요가 있다. 외면하고 싶은 마음일수록 주의를 기울이며 열린 태도로 마주해야 한다. 과거의 나는 어리석은 감정들이나 나약한 마음이 내 멋진 인생을 방해한다고 여겼고, 마음이 뜻대로 움직이지 않을 때는 마음이 보내는 신호를 무시하곤 했다. 하지만 돌아보면, 이는 두려움에서 비롯된 것이었다. 힘든 감정을 마주할 용기가 부족했던 것이다.

마음이나 감정은 생각하지 않으려 할수록 더 생각이 나고, 억누르려 할수록 더 강하게 되돌아온다. 늘 궁금했다. 내 마음을 내 뜻대로 조절할 수 있을까? 마음을 잘 조절한다는 것은 '마음 신호 감수성을 키우고 그 신호에 맞춰 적절히 대처하고 행동하는 것'을 의미한다. 삶의 정답은 외부가 아닌 내부에 있다. 이 사실을 깨달은 사람은 내면의 동기와 가치를 기준으로 자신만의 삶을 만들어 간다. 마음과 연결될 때 우리는 흔들리지 않는 삶의 중심을 가질 수 있다.

두려움, 불안, 분노, 슬픔, 죄책감 등 부정적 감정과 자기 비난, 실패에 대한 두려움과 같은 신념을 마주하기 위해서는 용기가 필요하다. 마음 챙김은 번거롭고 어렵지만, 자신의 삶을 주체적으로 선택하고자 하는 사람에게는 꼭 필요한 과정이다. 많은 이가 자기다운 삶을 원한다고 하지만 그것이 무엇인지, 어떻게 찾아야 하는지 모른다고 말한다. 마음 챙김은 자기 자신과의 깊은 연결을 통해 그 답을 찾는 가장 좋은 방법이다. 매 순간에 주의를 기울이고 마음과 솔직하게 마주할 때, 자신을 섬세하게 이해하고 삶을 행복하고 의미 있게 만드는 심리적 자원을 발견할 수 있다. 그리고 우리는 더 이상 하루를 견디기만 하는 존재가 아니라, 스스로 선택하고 결정하는 삶을 살아가게 된다.

육아와 나 사이에서의 딜레마는 혼란스러운 마음에서 시작된다. 내면을 마주하고 가치를 탐구하면 변화무쌍한 마음에 대책 없이 휩쓸리지 않을 수 있다. 마음과 소통하면 그 이면에 존재하는 욕구와 동기를 알아차릴 수 있다. 염려와 걱정, 답답함과 자책과 같은 불편한 감정들 속에는 더 진실한 삶을 향한 바람이 숨어 있다. 우리가 진정으로 바라는 삶의 희망과 몰입은 외부에서 오는 것이 아니라 온전한 내면에서 나온다. 내면의 욕구를 마주하고, 진솔한 소통을 통해 자신을 이해할 때 삶에 긍정적 에너지가 채워진다. 엄마라는 이유로 자신의 감정을 숨기거나 희생해야 한다고 느끼기 쉽지만, 억눌린 감정은 결국 가족에게도 영향을 미치기 마련이다.

엄마는 자기 자신을 존중하는 마음, 즉 '자존감'을 잃지 않아야 한다. 완벽한 엄마가 되려는 노력은 죄책감과 미안함으로 이어지게 마련이다. 완벽을 추구하기보다 아이와 진심으로 소통하는 엄마가 되는 것이 더 중요하다. 실수를 통해 배우고, 아이와 함께 성장하는 엄마가 건강한 엄마다. 엄마로서 성장해 가는 나 자신을 격려하고 인정해 주어야 한다.

"내 선택을 믿고 나아가면, 지금의 어려움도 잘 이겨낼 수 있을 거야."

"완벽하지 않아도 괜찮아. 지금 내가 할 수 있는 만큼 최선을 다하고 있으니까."

"아이와 가족을 위해서라도 나를 존중하는 마음을 잊지 않을 거야."

이 책을 통해 전하고자 하는 핵심 가치는 '자기 신뢰', '자기 이해', 그리고 '자기 존중'이다. 이 가치들이 실현될 때, 우리는 더욱 희망적이고 긍정적인 태도로 삶을 살아갈 수 있다. 엄마의 마음이 건강해야만, 비로소 가족에게 정서적인 지지를 줄 수 있다. 이 책을 통해 내 마음을 챙기고 자신을 깊이 이해하고 존중하며, 아내, 엄마가 아니라 나 자신으로서의 행복도 누릴 수 있기를 바란다.

Contents

part 1

마음 나침반:
가치와 기준 찾기

노력하는 엄마라서 힘든 겁니다

노력하는 엄마라서 힘든 겁니다

일과 육아

두 마리 토끼를 잡아라

"선생님, 죄송해요. 오늘 미팅에 참석하기 어려울 것 같아요."

교육 과정 개발을 위한 프로젝트 미팅 당일 아침, 멤버 중 한 명이 갑작스럽게 불참 소식을 전해 왔다. 돌이 갓 지난 아기가 열이 나서 응급실에 다녀오는 길이라고 했다. 아이가 보채고 엄마만 찾는 바람에 친정 부모님께 맡기기 어려운 상황이라며 미안하다는 메시지를 보냈다. 연락을 받고 잠시 난감했지만, 울고 보채는 아이를 보살피며 애쓰고 있을 그녀를 떠올리니 안타까

움이 앞섰다.

"많이 힘드시겠어요. 아이가 어서 회복해야 할 텐데요……. 선생님도 힘내세요!"

엄마의 리듬이 평소와 조금만 달라져도 아이는 귀신같이 변화를 알아차린다. 마치 엄마의 생각을 꿰뚫어 본 양, 평소와 다른 행동을 하고 엄마 껌딱지가 되어 버린다. 그런 적 있지 않은가? 간신히 재우고 나와 라면을 한 젓가락 먹으려는데 잘 자던 아이가 울어 젖히고, 밀린 일을 하려고 컴퓨터 앞에 앉았더니 문 열리는 소리와 함께 "엄마?"하고 부르는 그 공포스러운 경험 말이다. 무엇보다도 가장 힘든 것은 아이가 아플 때다. 이러지도 저러지도 못하는 상황 속에서 벼랑 끝에 내몰린 것만 같고 그저 막막하기만 하다. 대체 왜 나에게 이런 시련이 주어지는 건지 원망스럽기만 하다. 그럼에도 워킹맘을 고집하는 이유는 무엇일까? 나 역시 워킹맘으로 살아가며 참 많은 순간에 이 질문을 마주했다. 육아와 일, 두 마리 토끼를 잡으려는 엄마들은 욕심쟁이인 걸까? 집과 회사를 오가며 그리 애쓰면서도 포기하지 못하는 이유는 무엇일까?

내게는 두 가지 이유가 있었다. 일단 현실적으로 이대로 경력이 끊기는 게 두려웠기 때문이다. 30대 초반, 프리랜서를 선언하며 호기롭게 퇴사했지만 회사 밖은 예상보다 혹독하고 험난했다. 경력은 있었지만 일을 할 기회가 주어지지 않았고, 그 기회를 어떻게 찾아야 하는지조차 알지 못했다. 그렇게 수개월의 공백기를 거친 후에야, 기회가 찾아왔다. 모 회사의 시범 강의 면접이었는데 파트너 강사 자리를 두고 약 10분간 강의를 해야 했다. 적어도 수십 번 이상 다루어 익숙한 주제였고 강의 시간도 짧았기에 별다른 부담 없이 면접에 임했다. 공백기가 길었던 탓일까? 딱딱하고 어색한 분위기 속에 나는 안절부절 어쩔 줄을 몰랐고, 면접관들은 그런 내게 실망스러운 눈빛을 보냈다. 결과는 불합격.

자책과 후회, 절망 등 쓰디쓴 감정들로 힘들어했던 그 시절, 내가 깨달은 것은 '경험의 의미'였다. 우리는 경험 속에서 배우고 성장한다. 애써 찾지 않아도 다양한 경험이 주어졌던 조직 구성원 시절에는 경험이 곧 기회이고 배움이라는 사실을 전혀 알지 못했다. 더 이상 기회가 거저 주어지지 않았을 때, 나는 깨달았다. 경험을 통해 배울 수 있다는 사실을, 경험 없이는 배울 수 없다는 사실을. 내가 생각하는 경력 단절이란 곧 '경험의 부재'였다. 경험이 없다면 성장은 멈추고, 그때까지 쌓아 온 역량도 시간이 흐를수록 도태되기 때문이다.

두 번째 이유는 '나의 정체성' 때문이었다. 두 아이의 엄마이기 전에, 정수련이라는 한 명의 인간으로서 삶의 가치를 추구하기 위함이었다. 나는 중견 기업에서 '직원 교육 담당자'로 사회생활을 시작했다. 직원들의 잠재력을 이끌어 내고 업무 생산성을 높일 수 있는 교육 과정을 개발하고 운영하는 일을 했는데, 자의 반 타의 반으로 자아 성찰할 기회가 많았다.

'나는 어떻게 살고 싶은가?'
'나는 언제 살아 있다고 느끼는가?'
'내가 가장 신이 나는 순간은 언제인가?'
'내가 가장 힘든 순간은 언제인가?'
'더 행복해지기 위해서 나는 무엇을 할 수 있을까?'
'좋은 성과를 내기 위해서 나는 무엇을 바꿀 수 있을까?'

직원들의 꿈과 비전, 행복, 목표에 대해 고민하는 시간이 늘어날수록 내 삶에도 이 질문들이 자연스럽게 스며들었다. 자신이 어떤 사람인지, 좋은 삶이란 무엇인지 스스로에게 묻고 답을 찾아가는 과정은 나다운 삶을 찾는 열쇠가 된다. '왜 그렇게 힘들게 살아?', '누가 시킨 것도 아닌데 왜 그래?'라는 주변의 만류에도 일과 육아 두 마리 토끼를 다 잡으려 하는 것은, 나는 내가 언제 행복한 사람인지 명료하게 이해하기 때문이다.

나다운 삶, 행복한 삶에는 반드시 '가치'가 존재한다

우리는 1분, 1시간, 1일, 1개월, 1년 동안 수많은 선택을 한다. 그리고 그 선택들이 모여 곧 삶이 된다. 주도적으로 선택하는 삶이야말로 '나다운 삶'이라 할 수 있다. 나다운 삶, 주도적인 삶을 살고자 하는 사람에게 '가치'는 선택의 기준이 되고, 앞으로 나아갈 방향을 알려 주는 나침반이 된다.

삶의 가치를 생각하고 나만의 가치를 정립해 볼 기회가 부족하면 혼란스러움을 자주 느끼게 된다. 이 마음의 신호를 외면하면 점점 공허해지고, 심리적 탈진으로 이어질 수도 있다. 이러한 내적 상태는 우울하고 무기력하고, 생기 없는 모습으로 일상에 드러난다. 혼란과 공허, 불안 등의 감정이 주기적으로 마음속에서 요동치는가? 도무지 뭘 해야 할지 알 수가 없고, 허전하기만 한가? 그렇다면 이 신호를 놓치지 않길 바란다. 삶의 중심을 바로 세울 수 있는 절호의 기회다. 의연하게 마음을 마주하고 나만의 가치를 발견하는 과정을 통해 삶의 방향을 재점검해야 한다.

'내가 다른 것과 바꾸거나 양보할 수 없을 만큼 중요하게 생각하는 가치는 무엇인가?'

'내게 활력을 주고 살아 있음을 느끼게 해 주는 가치는 무엇인가?'

'만약 잃는다면 내 삶이 불행해질 것 같은 가치는 무엇인가?'

가치가 실종된 삶은 망망대해에서 갈 곳을 잃고 표류하는 배와 같다. 수시로 자신의 좌표를 확인하고 점검해 보면 어떨까? 가치는 엄마가 '나다운 삶'을 살 수 있도록 돕는다. 자신이 언제 행복한지를 명료하게 이해하는 엄마는 활기차고 생기가 넘친다. 확고한 가치로 정립된 고유한 삶을 추구하고 먼저 경험한 희로애락을 서로 나누며, 위로하고 격려할 수 있다면 더할 나위 없을 것이다.

나만의 인생 가치 탐색하기

다음 페이지에 제시된 가치 단어 중에서 내 삶에 중요한 단어 세 가지를 정해 표시해 보자. 만약 선택하기 어렵다면, 단어들을 마주하며 자신에게 이런 질문을 던져 보자.

Q. 인생에서 **반드시 지키고 싶은 가치**는 무엇인가?

Q. **내 가슴을 뛰게 하는 가치**는 무엇인가?

Q. **내 시선이 머무르는 가치**는 무엇인가?

Q. (동그라미가 너무 많다면 지워 보자) **있으면 좋겠지만 없어도 되는 가치**는 무엇인가?

가족	건강	공정	관용	권위	균형	긍정	다양	단순	도덕
도전	명예	목표	변화	봉사	부유	사랑	성실	성장	성취
소통	신뢰	신속	안정	역량	열정	예술	예의	완벽	유머
인내	인정	자율	자존	정직	조화	존경	종교	지식	지혜
창의	책임	충성	탁월	평화	학습	헌신	협력	효과	효율

살면서 만나는 수많은 사건과 경험을 통해 가치의 우선순위는 바뀔 수 있다. 여성의 삶에서 가장 큰 변화 또는 전환점이라 하면, 결혼과 육아를 꼽을 수 있다. 먼저 결혼 전에 자신이 추구했던 가치와 지금 현재 추구하는 가치가 무엇인지 생각해 보고 어떻게 달라졌는지 확인해 보자. 내가 결혼 전에 추구했던 가치는 성취, 지혜, 책임 순이었다. 하지만 아내이자 엄마로서 현재 추구하는 가치의 우선순위는 다음과 같다.

(가족) (건강) (균형)

이 가치들은 내가 어떤 아내, 엄마, 사람이 되고 싶은지와 밀접한 관련이 있다.

내게 가장 중요한 가치는 '가족'이다. 결혼과 출산으로 내 삶에 가족이라는 새로운 가치가 정립되었다. 아내로서, 엄마로서 가정을 잘 가꾸는 일이야말로 삶을 더욱 가치 있게 만드는 것이라 믿었기에, 주저 없이 '가족'을 최우선 순위로 두었다.

'건강'이라는 가치는 '엄마가 되고 싶었던 시절'을 거치며 생겼다. 약 6년 동안, 원인 불명의 난임으로 힘든 시간을 보냈다. 30대 초반 젊은 나이임에도 만성 스트레스와 자가면역질환에 시달렸다. 다행히 운동과 식이 요법 등으로 건강을 회복했고, 의학의 도움으로 지금의 쌍둥이를 만나게 되었다. 만약 그대로 건강을 잃었다면, 지금 행복한 삶을 꿈꿀 수 있었을까?

마지막으로 선택한 가치는 '균형'이다. 아내이면서 동시에 엄마가 되니, 나 자신을 돌볼 수 있는 여유라는 것은 사치나 다름 없었다. 점점 스스로를 불행한 사람이라 여겼고, 이 불편함은 가정 생활과 육아 과정에서 여실히 드러났다. 균형이 필요했다. 그래서 나는 아내, 엄마, 그리고 나라는 역할이 서로 조화와 균형을 이룰 수 있도록 시간과 에너지를 적절하게 배분하기 시작했다.

정리하자면, 심신의 건강을 유지하며 남편을 돕고 아이들을 잘 양육하는 아내이자 엄마가 되는 것, 아울러 하나의 역할에 매몰되지 않고 맡은 역할을 균형감 있게 수행하는 그런 사람이 되는 것이 바로 내가 선택한 가치에 기반한 삶이라 할 수 있다.

당신이 선택한 가치는 무엇인가? 지금 당신의 삶은 그 가치를 기반으로 삼고 있는가? 만일 새로운 가치를 선택했다면, 앞으로 어떤 사람이 되고 싶은가?

기준이

존재하는 곳

이른 아침, 졸리다는 아이를 어르고 달래 씻기고 옷을 입힌다. 영양소가 풍부하다는 제철 재료를 사다 만든 된장국으로 아침을 차려 먹이고 아이를 재촉해 어린이집 차량 시간에 늦지 않게 집을 나선다. 간신히 등원시키고 나니 벌써 출근할 시간이다. 내 준비는 하는 둥 마는 둥 하고 일터로 향한다. 퇴근길에는 아이가 먹고 싶다 했던 간식거리를 사 들고 하원 시간에 조금이라도 늦을까 빠르게 걸음을 옮긴다. 나를 보며 달려오는 아이의 모습에 오늘 하루도 무사히 지나갔다며 안도의 한숨을 내쉰다.

엄마들은 아이를 위해 물심양면으로 애를 쓴다. 그럼에도 엄마가 마주하는 감정은 항상 '죄책감'과 '미안함'이다. 졸린 아이를 꾸역꾸역 어린이집에 맡길 때면, '굳이 이렇게까지 해야 할까?'라는 자괴감이 밀려온다. 무너진 체력을 회복하려고 헬스장 앞을 서성이지만, 이럴 시간에 아이랑 있어야 한다는 생각에 차일피일 미루기만 한다. 운동을 하겠다는 다짐만 벌써 몇 년째다. 어린이집에 가장 늦게까지 남아 있는 아이를 데리고 오는 날이면 그저 미안하고 안쓰럽고, 고맙고 기특하고 오만가지 감정에 휩싸인다. 이 모든 상황의 이유는 다르지 않다. 깊은 곳에 존재하는 모성애, 바로 사랑 때문이다. 사랑은 아이의 행복을 최우선으로 생각하는 모든 엄마의 고귀한 마음이다.

때로는 '사랑'이라는 단어가 일상 속에서 다소 이상적으로 느껴지기도 한다. 아마 우리네 일상이 그다지 특별할 것 없이 평범하고 소소하기 때문일 것이다. 육아도 그렇다. 그 출발은 사랑일지라도, 현실은 고된 상황과 그에 따른 복합적인 감정으로 가득 차 있다.

초기 육아는 체력전이다. 엄마의 수면과 식사가 비정상적인 상황에서 강한 노동력(안고, 달래고, 먹이고, 씻기고, 재우고 등)이 요구되기 때문이다. 거슬러 올라가면 육아를 시작하기 열 달 전부터 엄마의 몸은 비정상이다. 입덧으로 일상의 균형이 깨지기 시작하고, 속이 쓰려 식사조차 제대로 하기 어렵다. 배변 장애, 수면 문제 등 호르몬의 변화로 시기마다 불편한 증상들이 나타난다. 엄마들은 약 열 달 가량의 임신, 출산의 고통을 지나 극한 노동인 육아를 맞닥뜨리며 사랑이 아니면 절대 해낼 수 없는 현실들에 적응하려 애쓴다. 모든 가정에 신을 보낼 수 없어 대신 보낸 천사가 바로 엄마라고 하는데, 신은 엄마에게 육아라는 일생일대의 난제를 맡긴 듯하다.

아이를 낳고 조리원에 들어간지 이틀 만에, 나는 쌍둥이 육아의 쓴맛을 제대로 맛보았다. 신생아실 선생님들은 출산 직후 바로 수유해야 수유량이 줄지 않는다고 말해 주었다. 그래서 나는 쉴 새 없이 두 아이에게 번갈아 가며 수유를 했다. 첫째 수유를 마치고 잠시 쉬려는데, 전화벨이 울렸다. 둘째가 배고프다고 운다. 수월했던 첫째와 달리 둘째는 젖을 잘 물지 않았다. 아무리 노력해도 잘 먹지 못했고, 아기도 나도 고생만 하다가 신생아실로 돌려보내는 일이 부지기수였다. 그렇게 진땀을 빼고 나면 또다시 울리는 벨소리. 수유, 밥, 수유, 밥. 끝나지 않는 돌림노래 같은 생활이 열흘을 넘어가자, 갑자기 설움이 밀려왔다. 완모(완전 모유의 줄임말)는 아니어도 가능한 한 분유보다는 모유를 먹이고 싶었는데, 이 난감한 상황을 어떻게 해결해야 할지 도무지 판단이 서지 않았다. 아이를 건강하게 키우고 싶은 내 마음이 체력 고갈이라는 현실과 부딪히는 순간이었다. 수유 전문가와 상담을 하고 맘카페에서 정보도 구하며 힘든 날을 보내던 어느 날, 나는 내 마음과 소통이 필요하다고 느꼈다.

'완벽하게 수유를 할 수 없으니 욕심을 버리자.'
'체력이 허락하는 만큼만 하고, 힘들 때는 분유로 대체하자.'
'모유를 잘 먹는 첫째는 모유 수유를 하고, 분유를 더 잘 먹는 둘째에게는 분유를 주자.'

나의 마음과 마주한 후로 일상은 차츰 안정을 되찾았다. 아기에게 최선을 다하고 싶었던 내 마음을 이해하고 위로하며, 상황에 맞는 현실적인 결론을 내리자 아이에 대한 사랑이 다시 보이기 시작했다. 비록 상황은 답답했지만 내가 다시 중심을 잡자, 육아도 안정되기 시작했다.

기준은 내 마음에 있다

"어떻게 마음의 중심을 잡는 건가요? 나름 줏대 있는 사람이라고 생각했는데, 지금은 혼란스러워요."

결론부터 말하자면, 선택의 기준이 '내부'에 있다는 사실을 깨달아야 한다. 다양한 상황에 적절히 대처하는 행동 기준은 바로 우리 마음속에 있다. 당신이 선택한 가치들이 삶의 기준점으로 활용되고 있는가? 그렇다면 당신은 마음의 중심을 찾을 수 있다.

마음의 중심을 잃는 경우는 자신만의 가치를 발견하지 못했거나, 가치를 잊은 채 선택의 기준이 '외부'에 있다고 여길 때이다. 앞서 말한 가치에 대해 다시 생각해 보자. 아이가 엄마의 보살핌을 절대적으로 필요로 하는 시기는 엄마가 한창 커리어를 쌓는 시기와 거의 일치한다. 초등학교부터 대학교까지 12년간의 학업을 마치고 20대 중후반부터 사회생활을 시작해 30대 초반, 이제 조금씩 자신의 분야에서 두각을 드러낼 때쯤 결혼과 육아를 시작하게 된다. 일도 결혼도 육아도, 모두 내려놓기엔 아까운 것들이다.

육아를 도와줄 사람이 있어서 또는 없어서, 맞벌이를 해야만 해서 또는 하지 않아도 되어서, 둘째는 계획에 없어서 또는 둘째나 셋째를 계획 중이라서처럼, 저마다 이유는 다 다르다.

'일 vs. 육아 vs. 일과 육아'

어떤 가치를 우선에 둘지는 '개인의 선택'에 달려 있다. 어떤 선택이든 선택하는 기준이 내 안에 있다는 사실을 잊지 않는 것이 중요하다. 외부에 떠밀리듯 내리는 결정이 아닌, 나의 가치로부터 출발한 선택임을 알고 그 결정을 신뢰해야 한다. 그래야 마음의 중심을 잃지 않고 나다운 삶을 살아갈 수 있다.

아내가 되고 엄마가 되면서 우리는 수많은 갈림길을 만나게 되고, 그만큼 중심을 잡아야만 하는 상황을 자주 맞닥뜨리게 된다. 바로 지금, 우리에게 마음 챙김이 중요한 이유다. 꾸준히 자신을 탐색하며 가치를 정립해야 한다. 이 과정은 누군가 대신해 줄 수 없다. 각자의 앞에 놓인 삶의 상황과 사건들이 다양하기에 저마다 다른 가치를 선택하고 추구하게 된다. 그래서 가치는 고유하다. 내가 선택한 가치가 나만의 것이고 내가 지키고 싶은 것이며, 내 삶이 되듯이 당신이 선택한 가치가 당신만의 것이고 지키고 싶은 것이며, 당신의 삶이 된다.

삶을 단단하게 만들고 싶다면

당신의 가치들이 삶에 단단하게 닻을 내리게 하는 방법이 있다. 바로 가치를 구체화하는 것이다. 당신이 추구하는 가치들이 구체적으로 어떤 의미를 지니는지 질문하고 정의를 내리는 과정이다. 예를 들어, '가족, 건강, 균형'이라는 가치를 두고 먼저 질문해 보자.

'가족을 위한다는 것은 어떤 의미일까?'
'건강을 중요시한다는 것은 어떤 의미일까?'
'균형을 추구한다는 것은 어떤 의미일까?'

〈가족에 대한 나만의 정의〉

- 나는 든든하고 따뜻한 엄마, 사랑스러운 아내가 되고 싶다.
- 고난과 역경이 오더라도 좌절보다 희망을 이야기할 것이다.
- 아이들의 의견에 공감하고 존중할 것이다.
- 아이들이 성장하고 성취할 수 있도록 안정감 있는 환경을 마련할 것이다.
- 밝고 긍정적인 분위기를 유지하려고 노력할 것이다.

〈건강에 대한 나만의 정의〉

- 인스턴트 식품을 멀리하고 배달 음식을 줄이는 등 건강한 식습관을 갖도록 노력할 것이다.
- 우리 가족이 좋아하는 식사 메뉴를 기록해 건강하고 즐거운 식사 문화를 만들겠다.

- 규칙적인 생활을 할 수 있도록 생활 습관을 바꾸고 식사와 수면 관리를 통해 심신 건강을 도모한다.

〈균형에 대한 나만의 정의〉

- 단기(1년), 중기(5년), 장기(10년) 가정 로드맵을 작성하고, 자원을 체계적으로 관리한다.
- '나'에게 편중되려고 하는 관성을 극복하고, 관점을 '우리(나와 가족)'로 확장한다.
- 요가와 명상을 통해 의사 결정력을 높이고 나의 내면에 더욱 주의를 기울인다.

자신만의 가치와 그 의미에 대해 스스로 묻고 답하는 과정은 내면의 중심을 찾는 데 매우 효과적이다. 내게 어떤 질문을 할 것인지, 어떤 답을 내릴 것인지 스스로 고민하는 과정을 통해 삶의 가치를 재정립할 수 있다. 동시에 단단한 삶을 만드는 데 필요한 '중심'을 세우고 쉽게 흔들리지 않는, 안정감 있는 삶을 영위할 수 있다. 아직 나만의 가치를 찾지 못했다면, 잠시 눈을 감고 사랑하는 가족을 떠올려 보자. 그리고 마침내 찾아낸 가치를 구체화하며 우리가 꿈꾸는 삶에 한 발 더 나아가자.

불편함을 있는 그대로 수용하기

마음 챙김에 근거한 인지 치료MBCT, Mindfulness-Based Cognitive Therapy 개발자 마크 윌리엄스영국 옥스퍼드대학교 임상심리학과 명예교수, 정신의학부 명예 선임연구원 교수는 《8주, 나를 비우는 시간》(마크 윌리엄스, 대니 펜맨 지음, 이재석 옮김, 불광출판사, 2013)에서 마음을 '행위 양식Doing Mode'으로 대할 때 발생하는 부작용에 대해 언급했다. 행위 양식이란 문제를 해결하고 상황을 변화시키려는 태도를 말한다. 즉 마음이 부정적인 감정으로 가득 차거나 감정 기복으로 자신이 원하지 않는 모습일 때, 원하는 상태 또는 이상적인 상태가 되고자 문제를 개선하려고 하는 마음의 태도이다. 나에게도 다음과 같은 마음 습관이 있는지 성찰해 보자.

- 불쾌한 느낌이나 생각이 떠오르면 **잊어버리려고 한다.**
- 내 느낌이 옳은 것인지 잘못된 것인지 **평가하는 경향**이 있다.
- 어떤 생각 혹은 감정을 갖는 나 **자신에게 실망**하는 경우가 많다.
- 자신에게 **그런 식으로 느껴서는 안 된다**고 말한다.
- 내가 어떤 감정을 갖는다는 것을 알면, 다른 사람들이 **나를 이상하게 볼 것이란 생각**이 든다.

행위 양식은 이성적이고 논리적인 사고를 동원해 마음(생각, 감정)속 경험을 '판단 평가' 한다. 경험을 '분석'하고 옳고 그름을 '구분'하며 의도에 맞게 '변화'시키려고 하는 것이 특징이다. 행위 양식은 마음 밖, 외부 세계에서 행동의 변화를 만들어 문제를 해결하거나 목표를 달성하는 일에는 탁월하지만, 마음과 소통하는 상황에서는 부작용을 일으킨다. 반쪽짜리 소통이 되기 때문이다. 마음을 행위 양식으로 대하게 되면 우리가 원하지 않는 감정, 예를 들어, 화, 짜증, 우울감, 불안감 등 불쾌한 느낌을 경험할 때 그 상황을 있는 그대로 마주하지 못하는 경우가 많다. 경험하고 있는 감정을 부정적이라고 판단한 경우, 원하는 상태로 변화시키기 위해 마음을 억압하거나 신속히 벗어나기 위해 외면해 버리기 쉽다. 결과적으로 행위 양식은 마음의 일부분을 소외시켜 불균형을 초래한다.

자신과 건강하게 소통하기 위해서는 어떻게 해야 할까? 마크 윌리엄스 교수는 건강한 소통 방식으로 마음을 있는 그대로 마주하고 수용하는 '존재 양식Being Mode'을 제안한다. 이는 삶에서 경험하는 즐거움과 평온, 재미, 행복 등과 같은 긍정적인 경험과 더불어 후회, 불안, 혼란, 분노 등 부정적인 경험 역시 삶의 일부로 인정하고 받아들이는 것이다. 이를 통해 우리는 삶의 균형을 회복하고 심리적 안정감을 경험할 수 있다. 반성과 후회를 반복하고 자신을 부정적으로 평가하며 화를 내는 대신, 내가 겪은 모든 경험이 삶의 일부임을 받아들이는 것이 마음 챙김의 가장 중요한 태도이다.

불편한 마음을 판단 평가하거나 외면하지 않고, 있는 그대로 관찰하는 것이 존재 양식의 실천이다. 예를 들어, 요가 수업에서 어려운 자세를 시도한다고 해 보자. 자세를 취하다 특정 부위에 자극이 느껴지면 아픈 동시에 마음도 괴롭다.

'아, 아파. 힘들어. 나만 그런가? 다른 사람들은 잘하네?'
'언제 끝나는 거지? 조금 더 하라구요?'

상황을 판단 평가하느라 만들어진 생각들로 속이 시끄럽다. 다양한 생각과 감정, 감각이 뒤섞여 마음이 복잡하다.

"몸에 자극이 느껴지시죠? 숨을 들이마시고, 내쉬기를 반복하세요. 지금 이 순간에 그대로 머무르면서 자극이 느껴지는 부위에 주의를 기울이세요."

불편한 경험을 해결(행위 양식)하려 하지 말고 그대로 느끼며 머무르라는(존재 양식) 선생님의 말은 또다시 새로운 생각과 감정을 일으키지만, 이마저도 관찰하고 머물러 보려는 시도가 바로 존재 양식이다.

마음을 대하는 태도에도 습관이 있다. 혼란과 죄책감, 미안함을 마치 숙명처럼 경험하는 엄마들에게 생각, 감정, 감각을 판단하거나 해결하려고 하기보다 '있는 그대로 마주하고 수용'하는 것을 강력하게 추천한다.

마음을 객관적으로 관찰하며 불편한 상황에 머물러 보자.

상황	행위 양식	존재 양식
남편과의 육아 의견 충돌	"그냥 잊자." "무시하자."	"혼란스럽고 괴롭다." "방법을 찾고 싶다."
가족에게 도움을 받을 수 없어 막막함	"일을 그만둬야 하나?" "쉬는 게 나을까?"	"속상하고 안타깝다." "선택의 기로야. 고민되는구나."
아이에게 감정적으로 대한 후 후회함	"아이에게 사과할까? 엄마도 사과할 수 있어야 한다고 했는데."	"미안해하면서도 망설이고 있구나. 실수를 인정하기 어려워하는구나."

혼란스러움, 죄책감, 미안함을 방치하라는 것이 아니다. 상황을 긍정적으로 개선하기 위한 현실적인 조치는 반드시 필요하지만, 그 전에 마음속 경험을 존중하고, 공감하는 과정이 중요하다는 것이다. 보다 현실적이고 근본적인 문제 해결을 위해서 반드시 귀 기울여야 할 곳은 우리 마음이다.

내 마음

인터뷰하기

인간의 선택과 행동에는 타고난 기질이 많은 영향을 미친다. 나는 이란성 쌍둥이를 키우며 이 사실을 확실히 깨달았다. 똑같은 상황에서 두 아이는 다른 선택을 하는 경우가 대부분이었다. 예를 들어, 잠을 잘 때 첫째는 온 침대를 굴러다니며 자기 세상인 것처럼 자고 아무 이불이나 덮어도 상관이 없는 반면, 둘째는 구석을 선호하고 애착 베개와 이불에 특별한 애정을 보이며 자기 영역과 공간을 소중하게 여긴다. 또 잠드는 속도나 잠버릇, 일어나는 시간과 일어났을 때 행동도 모두 제각각이다. 이뿐만이랴.

식습관도 다르다. 빨리 먹고 밥 위주로 먹는 첫째와 달리, 둘째는 천천히 먹고 밥보다 반찬을 주로 먹는다. 한날한시에 태어난 것 외에는 다양한 면에서 같은 점을 찾기가 힘들다.

분명 사람은 타고난 기질을 바탕으로 살아가지만, 환경에 의해 변화하는 존재이기도 하다. 고유의 기질을 가지고 태어난 아기가 어린이, 청소년, 성인이 되면서 내적으로도, 외적으로도 변화한다. 성인이 된 후에는 연령대별로 기대되는 사회적 역할과 개인의 경험에 따라 새로운 성격이 형성된다.

아이 친구 엄마들과 키즈 카페에서 공동 육아를 하던 날이었다. "MBTI가 어떻게 되세요?" 한 엄마의 질문으로 기질과 성격에 관한 이야기가 시작되었다.

A 엄마: "저는 ENTJ(외향성, 직관형, 사고형, 판단형: 창의적이고 사교적이며 활력 넘침)예요."

B 엄마: "저는 ENFP(외향성, 직관형, 감정형, 인식형: 유쾌하고 언변이 뛰어나며 개방적)요."

C 엄마: "아, 저는 ISFP(내향성, 감각형, 감정형, 인식형: 말이 없고 겸손하며 헌신적)인데……."

D 엄마: "저는 ISTJ(내향성, 감각형, 사고형, 판단형: 조용하고 진지하며 집중력이 뛰어남)예요."

A 엄마: "(엄마 C에게) 어머, 의외네요. 그렇게 안 보이는데…….
외향적으로 보여요."

C 엄마: "그런 이야기 많이 들어요. 아마 사회화된 것 같아요."

현재 일을 하지 않더라도 사회생활 경험이 전혀 없는 엄마는 드물다. 최소한 몇 년 이상은 직장 생활을 경험한 경우가 대부분이기 때문에 기질과 사회화된 성격 사이에서 의외의 결과를 듣는 경우도 적지 않다. 결과야 어떻든 MBTI를 도구로 상대방과 내면을 공유하고 나면 전보다 친밀해진 느낌이 든다. 아마 숨겨진 내 진짜 모습을 보여 주었기 때문일 것이다.

인간의 내면에는 꿈, 희망, 신념, 가치, 감정, 생각, 느낌, 감각 등 눈에 보이지 않는 다양한 요소들이 존재한다. 이것들은 눈에 보이지도 손에 잡히지도 않기에 그 내용을 확인하기도, 이해하기도 어렵다. 내면을 드러내는 소통이 쉽진 않지만, 내면의 요소들을 공유하기 시작하면 그 관계는 끈끈해지고 친밀해진다. 주변에 당신과 좋은 관계를 유지하는 사람을 떠올려 보자. 그 사람과는 사랑, 우정, 감사, 기쁨 등 긍정적인 감정을 교류하고 있을 것이다. 좋은 감정을 기반으로 서로의 생각을 공유하고, 가치관과 비전과 꿈을 나누며 신뢰를 형성하고 있을 것이다. 이처럼 건강한 관계에서는 반드시 마음의 요소를 나누게 된다.

자기 자신과의 관계는 어떠한가? 긍정적인가, 아니면 그렇지 않은가? 자신과의 관계를 긍정적으로 형성하기 위해서는 자신의 마음에 관심을 기울여야 한다. 마음속에서 일어나는 감정과 생각, 경험을 세심히 살피고 경청하며 공감하는 과정을 통해 자신의 존재를 더 깊이 이해할 수 있다.

　그러나 누구보다 가까워야 할 자신의 내면을 이해하지 못하는 경우가 많다. 특히 자기 이해가 부족한 엄마일수록 자기 확신이 모자라 삶의 중심을 잡기 어려워한다. 이런 경우 주변 사람들의 의견에 쉽게 휩쓸리고, 자신의 감정과 행동을 객관적으로 바라보지 못하며 감정에 지배당하기 쉽다. 자신과 타인을 끊임없이 비교하고, 자기 확신이 부족하다고 생각된다면 객관적인 시각으로 자신을 이해하려는 노력이 필요하다. 특정 상황에서 드러나는 행동과 말뿐만 아니라, 그 이면에 존재하는 내면의 경험을 마치 관찰하듯 주의 깊게 바라보는 것이다. 그렇게 하면 자신이 어떤 사람인지, 어떤 강점과 약점을 지니고 있는지 더 깊이 이해할 수 있게 된다. 아이를 이해하기 위해 아이의 행동과 말을 세심히 관찰하듯, 자기 모습을 그렇게 관찰해 보면 어떨까?

　인간은 불완전한 존재이고, 엄마도 마찬가지이다. 능숙한 면이 있는가 하면, 서툴고 어려운 면도 있다. 자신의 긍정적인 면뿐만 아니라 부정적인 면도 객관적으로 인식하는 것이 온전한 자기 이해의 출발점이다. "나는 부족한 사람이다"라고 생각하지 말고 "이것은 나에게 조금 어려운 일이다"라는 사실을 객관적으로 받아들이자. 서툴고 힘들어하는 자신에게 동기 부여와 현실적인 지원을 통해 성장할 수 있도록 돕는 것이 건강한 관계를 형성하는 방법이다.

행동으로 풀어 보는 마음 지도

내면의 가치는 눈에 보이지 않지만, 일상과 행동을 관찰함으로써 유추해 볼 수 있다. 말과 행동은 세상과 소통하는 방법이며, 많은 부분이 당신의 마음을 반영한다. 행동과 마음은 밀접하게 연결되어 있고, 행동은 대체로 마음의 결과물이기 때문이다. 자신의 행동을 관찰한다면 마음과 소통할 길이 열린다.

아래 일곱 가지 문항을 살펴보면서 나 자신을 마주하고 관찰해 보자. 각 문항별 네 가지 예시 중 자신을 가장 잘 표현하는 것에 동그라미 치고, 개수를 세어 보자.

Q1. 내 성격은

① 명령적, 주도적이다.

② 사교적이며 감정 표현을 잘한다.

③ 느리고 태평하다.

④ 진지하고 섬세하며 상식적이다.

Q2. 나는 ~인 환경을 좋아한다.

① 목표 지향적

② 사람에 둘러싸인

③ 그림, 편지와 내 물건들이 가득한

④ 질서 정연하고 조직적

Q3. 나는 ~하는 경향이 있다.

① 결과를 중시하는

② 사람을 중시하는

③ 과정과 팀을 중시하는

④ 세부 사항을 중시하는

Q4. 나에게 시간이란 ~이다.

① 항상 바쁜 것

② 사람들과 함께 보내는 것

③ 중요하지만 그리 부담이 없는 것

④ 중요하고 잘 활용해야 하는 것

Q5. 평소 내 목소리는 ~이다.

① 감정적, 지시적, 힘 있고 짧고 높은 톤

② 감정적, 열정적, 가늘고 높은 톤

③ 감정이 적게 개입된 굵고 낮은 톤

④ 감정을 억제하는 가늘고 낮은 톤

Q6. 내 행동은

① 강하고 민첩하다.

② 개방적이고 친절하다.

③ 경직되어 있고 느리다.

④ 계산되고 신중하다.

Q7. 내 삶의 속도는

① 빠르다.

② 열정적이다.

③ 안정되어 있다.

④ 조절되어 있다.

선택한 번호의 개수를 확인해 보자.

구분	① (주도형)	② (사교형)	③ (안정형)	④ (신중형)
개수				

①을 가장 많이 선택했다면 주도형 즉, '성취'와 '인정' 가치를 높게 여기는 사람이다. 확실한 결과가 나오는 과업에 매력을 느끼며, 성공적인 결과를 통해 얻을 수 있는 내적 외적 보상과 긍정적인 변화에 심리적 만족감을 크게 경험한다. 성장, 성취의 가치를 실현하기 위해 워킹맘을 선택하는 경우가 많으며, 목표를 상실했을 때 불행하다고 느낀다.

○ 주도형 키워드: 결과, 책임, 목표, 과업, 효과

②를 가장 많이 선택했다면 사교형 즉, '관계'의 가치가 중요한 사람이다. 가족, 사랑, 소통 등의 가치가 중요하며 가족이나 친구와의 좋은 관계에서 심리적 만족을 경험한다. 주변 친구나 선후배에게 기꺼이 정보와 조언을 구하며 가족 및 주변 사람들과 친밀감을 교류하는 것을 소중히 여긴다.

◦ 사교형 키워드: 협업, 소통, 인간성, 소속감, 과정

③을 가장 많이 선택했다면 안정형 즉, '수용'의 가치가 중요한 사람이다. 조화, 협력 등의 가치가 중요한 유형으로 타인과 존중과 관심을 나누며 심리적 안정감을 경험한다. 결과보다 과정의 가치를 중요하게 여기며 육아에서 오는 기쁨과 보람을 만끽할 수 있는 유형이다.

◦ 안정형 키워드: 편안함, 진실함, 개인적 관심, 경청, 현재

④를 가장 많이 선택했다면 신중형 즉, '정확함'이 중요한 사람이다. 원칙, 효율, 조절 등의 가치를 중요하게 여기며, 육아에서도 타인의 조언을 구하기보다 자신만의 철칙과 소신으로 임하는 유형이다. 가족들과 친밀한 만큼 독립적인 공간과 시간이 필요한 유형이다.

○ 신중형 키워드: 목적, 계획, 질서, 구조, 원칙

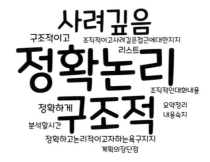

일상을 견디는

엄마의 중독

자신의 내면과 진솔하게 마주하기를 선택한 사람들은 마음이 단단해지고, 안정되기 시작한다. 심리적 안정감이 높을수록 일상 속 어려움에서 중심을 지킬 수 있으며, 설사 균형을 잃는 상황이 오더라도 다시 회복할 수 있는 탄력성을 획득할 수 있다. 반면 마음을 놓친 사람들은 점점 혼란스러워진다. 그들은 마음에서 일어나는 경험을 외면하거나 마음이 보내는 신호를 무시한다. 마음속 경험에 관심이나 주의를 기울이지 않기에 마음과의 연결이 끊긴 상태이다. 이러한 상태가 지속되면 삶의 중심이 흔들리고 균형을 잃게 된다.

뉴욕대학교 스턴경영대학원 마케팅 및 심리학 교수인 애덤 알터는 저서 《멈추지 못하는 사람들》(홍지수 옮김, 부키, 2019)에서 선진국 인구 중 절반이 '행위'에 중독되어 있다고 말했다. 여기서 그 행위란 스마트폰이나 이메일, 비디오, 게임, 쇼핑, 운동 등을 말한다. 그는 최근 급속도로 심화, 확산되고 있는 이러한 중독 현상을 '행위 중독'이라고 불렀다. 많은 현대인들이 목표, 피드백, 향상, 난이도, 미결, 관계 요소 등에 대한 중독으로 몸과 마음을 해치고 시간과 돈을 허비하고 있으며, 아이들은 가상 현실에 빠져 사회적 교류 능력을 상실한 채 시들어 가고 있다고 경고했다.

평소 일상을 되돌아보며 나는 과연 다음 항목 중 몇 개에 해당하는지 생각해 보자.

- 잠이 부족한데도 스마트폰을 보느라 쉬지 않는다.
- 체력이 부족하다고 느끼지만 운동을 하지 않는다.
- 감기에 잘 걸리면서도 밥을 잘 챙겨 먹지 않는다.
- 인스턴트 음식 또는 배달 음식을 선호하고, 빵과 과자를 끊지 못한다.
- 물 대신 커피를 물처럼 마신다.

마음을 놓치면 삶은 그만큼 빠르게 소진된다. 스트레스 상황에 적절히 대처하지 못하고, 더불어 신체적인 능력도 고갈되기에 삶이 불균형하게 흘러간다. 요즘 사람들이 흔히 겪는 '번아웃 증후군', '공황 장애', '우울증' 등 심리적 증상들은 마음을 대하는 방식과 관련이 깊다. 삶을 살면서 길을 헤맬 수도 있고, 방향을 잃어버릴 수도 있다. 그럴 때일수록 마음을 챙겨야 한다. 마음과 건강한 소통이 이루어지면 삶에서 만나는 장애물을 담담히 마주하고, 혼란 속에서도 중심을 유지하는 마음의 체력을 기를 수 있다. '내면 소통'의 시간을 마련하여 내면을 섬세하게 이해하고 삶을 주도적으로 선택하도록 하자.

의미 있는 활동 찾기

어느 날, 둘째 아이가 아빠에게 물었다.

"아빠, 가족 말고 아빠에게 가장 소중한 게 뭐예요?"

남편은 잠시 고민하다가 4년 전부터 정성을 들여 만들어 온 자신의 아지트라고 대답했다. 그 공간은 사회생활의 풍파를 견딜 수 있게 해 주고, 남편을 다시 일으켜 세워 준 특별한 의미를 가진 장소였다.

스트레스를 주제로 강의를 할 때 종종 이런 질문을 던지곤 한다.

"스트레스를 받을 때 주로 어떤 활동을 하시나요?"

대부분은 비슷하게 답을 한다. 잠을 자거나 산책을 하고, 친구 또는 동료와 대화를 나눈다고. 맛있는 음식을 먹거나 음악을 감상하고, 취미 활동을 통해 스트레스를 해소하는 사람들도 있다.

재미있는 사실은 세대별로 특징이 다르다는 것이다. 60~70대는 주변 사람들과 함께 하는 경우(예 친구들과 수다, 술 마시기)가 많고, 20~30대는 디지털 활동과 관련된 답변이 많다. 유튜브를 시청하거나 넷플릭스에서 영화나 드라마를 정주행하며 시간을 보내고, 온라인 게임을 하거나 웹툰을 보고 추리 소설을 읽으며 '시간 순삭'의 즐거움을 누린다고 한다.

누구나 부정적인 감정을 극복하기 위해 나름의 활동을 하며 노력한 적이 있을 것이다. 이런 활동들은 스트레스를 관리하고 힘든 마음을 달래기 위한 '자기 치유 활동'이라 할 수 있다. 실제로 긍정 심리학 연구에 따르면, 짧게라도 긍정적인 정서를 떠올리는 것이 불안과 같은 부정적인 감정을 완화하는 데 효과적이라고 한다.

스트레스를 관리하기 위해 선택하는 활동이 어떤 성격을 띠는지 살펴보는 것도 중요하다. 소셜 미디어, 쇼핑과 같은 활동들은 일시적인 즐거움과 재미, 기쁨을 주지만 그 만족감은 지속되지 않고 활동이 끝나는 순간 사라진다. 스트레스를 관리하고 궁극적으로 삶을 회복하기 위해 반드시 충족되어야 할 필요 요소가 있다. 바로 '의미'이다. 더 깊은 만족감을 주는 활동은 긍정적인 정서에 '의미'가 함께할 때 지속성을 가질 수 있다.

삶의 의미는 개인이 중요하게 여기는 가치와 깊이 연결되어 있다. 우리가 경험하는 일이나 상황 속에서 중요한 가치나 목적을 깨달을 때, 비로소 의미를 느낄 수 있다. 특히, 외부 세계와 내면이 연결되는 순간, 사람은 깊은 의미를 경험하며 영혼이 충만해지는 감정을 느끼게 된다. 자신이 추구하는 가치와 동떨어진 활동은 일시적인 만족감을 줄 수 있을지언정, 진정한 의미를 느끼게 하지는 못한다. 그렇기에 자신의 마음과 소통하며 진정으로 의미를 부여할 수 있는 활동들을 발견하는 것이 중요하다. 당신의 가치와 연결된 장소, 물건, 그리고 활동들을 찾아보며 삶의 의미를 깊이 고민해 보자.

- 내 삶의 가치와 연결된 장소는 어디인가?
- 내 삶의 가치와 연결된 물건은 무엇인가?
- 내 삶의 가치와 연결된 활동은 무엇인가?

마음을 챙기면 자신의 가치를 발견하고, 진정한 나 자신을 이해할 수 있다. 단순한 행위에 그치는 활동이 아니라 가치와 연결된 활동이 많아질수록 삶은 더욱 풍요로워지고 흔들리지 않는 중심을 잡을 수 있다.

행복하기 위해 반드시
필요한 가치

러시아의 대문호 레프 톨스토이의 장편 소설, 《안나 카레리나》의 첫 문장은 이렇게 시작한다.

"행복한 가정은 모두 모습이 비슷하고, 불행한 가정은 제각각 불행의 이유가 다르다."

행복한 가정을 이루기 위해서는 사랑, 돈, 건강, 종교, 자녀 등여러 삶의 요소가 조화롭게 균형을 이루어야 한다는 의미다. 그

중에서도 사랑은 관계, 교감, 소통을 통해 현실이 된다.

소통은 인간의 행복에 지대한 영향을 미친다. 가족 간 소통이 힘겨우면 예외 없이 가족 모두의 행복이 위태로워진다. 긍정 심리학의 창시자 마틴 셀리그먼과 에드 디너 교수의 연구에 의하면 삶의 만족도가 높은 사람들은 모두 주변 사람들과 가까운 관계를 맺고 있는 것으로 나타났다. 그들의 연구를 소개한 《긍정 심리학 프라이머》(크리스토퍼 피터슨 지음, 김인자 옮김, 물푸레, 2010)에서는 좋은 사회관계는 궁극의 행복을 이루는 데 요구되는 필요조건이라고 했다.

이토록 중요한 소통을 어렵게 하는 것은 무엇일까? 다름 아닌 '차이'다. 역할, 가치관, 상황, 성향, 방식과 같은 다양한 차이가 소통의 장애물이 되어 서로 간의 이해를 어렵게 한다. 부모자식, 부부, 형제, 친구, 지인 등 우리가 맺는 다양한 대인 관계를 살펴보면 갈등과 혼란이 존재하지 않는 경우는 드물다. 과거 방식을 고집하는 부모님, 육아와 살림은 아내 몫이라 여기는 배우자, 한 배에서 나왔지만 성향은 너무도 다른 형제자매, 사회생활 이후 사뭇 달라진 친구의 낯선 행동 등 이해하기 어려운 경우가 허다하다.

아이들의 하루를 되짚어 보자. 쉴 새 없이 싸우는 아이들을 보노라면 한숨이 절로 나온다. 서로 조금씩만 양보하면 좋을 텐데 왜 저렇게 못 잡아먹어서 안달인지 이해가 가지 않는다. 갈등은 대체로 이렇게 시작된다.

"내 거야!"
"내가 먼저야!"
"내가 1등!"

모든 상황 속에는 언제나 내가 있다. 양쪽 모두 자기 입장을 내세우며 생각, 입장, 욕구, 감정을 우선시한다. 서로 하고 싶은 놀이가 다르거나 보고 싶은 프로그램이 다를 때 가장 이상적인 결과는 어느 한쪽이 양보하고 배려하며 맞춰 주는 것이지만, 현실은 만만치 않다. 어느 누구도 양보하거나 배려하지 않으니 소통이 될 리가 없다. 결국 마음이 불편해진 엄마가 갈등을 중재하고 상황을 수습하는 것으로 마무리된다. 아이들이 엄마의 제안에 순응한다면 아름답게 마무리되겠지만 끝까지 '나' 중심의 태도를 고수하며 상대방의 말을 듣지 않고 고집을 피운다면 해피엔딩을 기대하기엔 무리일지도 모른다.

자기중심성을 경계하라

갈등 상황에서 발생하는 소통 실수는 상대가 틀렸다고 단정짓는 '배타적(닫힌) 소통'이다. 이러한 소통 방식은 편협하고, 융통성이 없다.

"울지 마! 울면 바보야!"

"싸우지 마!"

"동생 거 뺏지 마!"

"음식 남기지 말고 다 먹어!"

"떠들지 마! 조용히 해! 시끄러워!"

"빨리 해!"

상대방의 생각, 감정, 욕구는 존중하지 않은 채 자기중심적인 비난과 경멸을 쏟아 낸다. 결국 관계는 단절되고 오해는 쌓여만 간다. 격앙된 감정에 휩싸여 아이의 입장은 외면한 채, 자신이 할 말만 한 적이 있지 않은가? 아이를 이해하기는커녕, 고쳐야 할 점만 지적하고 끝낸 대화를, 부모라면 누구나 경험했을 것이다.

때로는 아이가 사회 구성원으로서 조화롭게 무리에 섞이고 소통하며 지내기를 바라는 마음에 이런 대화를 건네기도 한다.

"그렇게 행동하면 아이들이 너랑 같이 안 놀 거야."

"자꾸 그러면 친구들이 너 싫어해."

엄마의 마음에 염려와 걱정이 앞설 때, 쉽게 놓치는 것이 바로 아이들의 마음이다. 사랑받는 아이로 자라기를 바라는 마음에서 출발하는 것은 같지만, 일방적 소통의 결말은 불화로 이어진다.

우리가 얻고자 하는 것

건강한 육아를 위해, 아이에 대한 사랑이 '염려와 걱정'으로 퇴색되지 않기 위해서는 우리가 지키고자 하는 핵심 가치를 떠올려야 한다. 염려와 걱정이라는 감정을 잠시 접어 두고 '소통'이라는 가치를 최우선으로 삼아야 한다. 동시에 엄마인 자신의 마음을 마주하며 앞으로 이끌어 갈 대화의 목적과 방향을 설정하면 보다 좋은 선택과 행동으로 상황을 대하게 된다.

다음은 아이(상대방)의 마음을 마주하는 과정이다. 이를 통해 확장된 관점으로 상황을 이해하고 함께 공유할 수 있는 영역을 발견할 수 있다.

- 무슨 생각이었을까?

- 어떤 감정이었을까?

- 원하는 것은 무엇일까?

- 아이의 의도는 무엇이었을까?

- 아이가 마음으로 어떤 경험을 하고 있을까?

그리고 아이와 함께 '지금 이 순간, 마음 경험'에 대해 대화를 나눠 보자. 행동을 개선하려는 피드백이 아닌 이해하고, 공감하는 소통으로 대화를 시작할 수 있다.

마음속에서 존중, 이해, 관용의 마음이 피어오르면 우리의 언어와 태도는 부드럽고 따스해진다. 부정적인 감정이 실린 명령과 강요가 아닌 소통하기 위한 질문과 청유형의 대화를 시작할 수 있다.

"말조심해!" ▷ "어떤 의미로 말하는 것일까?" (존중)

"뭐야? 왜 저래?" ▷ "어떤 상황인 걸까?" (이해)

"그만 이야기해!" ▷ "진정 원하는 것이 무엇일까?" (관용)

행복한 가정을 만드는 가장 중요한 가치는 '사랑'이다. 이를 실현하는 가장 좋은 방법은 가족 간 공감과 이해를 바탕으로 하는 정서적 소통이다. 소통의 가치를 지키기 위해서는 행동과 말 이면에 존재하는 상대방의 입장, 관점, 의도, 감정 등을 주의 깊게 살피고 마주하는 것이 중요하다. 이를 위해서는 혼란스러운 감정 앞에 지키고 싶은 가치를 두어야 한다. 감정이 혼란스러운가? 마음이 불안하고 속이 시끄러운가? 지키고 싶은 가치를 떠올리자. 우리가 진정으로 얻고자 하는 것이 무엇인지 다시 생각해보자. 그래야 존중과 이해의 태도를 잃지 않고 소통할 수 있다.

마음의 오류

아래 그림을 보자. 무슨 동물처럼 보이는가? 어떻게 보면 오리고,
어떻게 보면 토끼다.

사실 둘 다 정답이다. 20세기 초, 미국 심리학자 조셉 자스트로에 의해 널리 알려진 이 그림에는 오리와 토끼가 동시에 존재한다.

우리가 사는 세상은 복잡하고 수많은 모순이 존재함에도 우리는 삶을 너무나 단순하게 바라본다. 자신의 기준과 범주만이 옳다는 생각에 갇혀 살아간다. 어쩌면 눈앞의 현실을 살아 내느라 시야를 넓혀 다양하게 바라볼 여력이 없는지도 모르겠다.

특정 생각에 굳게 사로잡힌 상태 즉, 편견이나 아집은 마음의 오류이다. 이는 내면의 강력한 프레임에 매몰된 채 판단을 하는 경향을 의미한다. 자신의 생각을 주의 깊게 살피지 못하면 마음은 익숙하거나 편안한 쪽으로 편향(패턴화한 판단의 프레임)을 일으키기 쉽다. 무심히 판단하는 것이다. 마음이 편견, 선입견, 고정관념 등의 틀에 갇히면 이미 잘 안다는 판단과 함께 세상을 '닫힌 태도'로 대하게 되고, 이는 불행의 주범인 불통을 야기한다. 건강한 육아, 진정한 소통이 이뤄지는 가정을 위해서는 이와 같은 인지적 오류를 경계하고 점검해야 한다.

part 2

마음을 움직이는 엔진:

욕구 관찰하기

노력하는 엄마라서 힘든 겁니다

무엇을 얻거나 하고자 바라는 일:

욕구

우리는 살아가면서 수많은 관계를 맺는다. 원만한 대인 관계를 위해서 중요한 것은 무엇일까? 정답이 정해져 있는 것은 아니지만, 많은 사람들에게 질문하면 공통적으로 돌아오는 답변 중 하나가 바로 '편안함'이다. 특히 편안한 분위기에서 경험하는 심리적 안정감은 가족 간의 관계 형성에 큰 영향을 끼친다. 마음이 불편하지 않아야 가족끼리 소통이 원활하다는 이야기다. 어디 소통뿐일까, 마음이 편하면 모든 일에 형통할 수 있다. 그렇다면 우리는 도대체 어떤 상황에서 불편함을 느끼는 걸까? 어제

하루를 떠올려 보자. 마음이 불편해지는 순간이 여러 번 있었을 것이다. 원인은 무척 다양하겠지만, 한마디로 얘기하면 '내 마음이 원하는 것이 충족되지 못했기 때문'이다. 마음이 원하는 것, 그것이 바로 '욕구'다.

욕구란 인간이 생존을 위해 무언가를 얻거나, 하고자 하는 마음이다. 바꿔 말하면, 우리 삶을 움직이는 동력이라 할 수 있다. 욕구에 대한 가장 보편적인 이론으로는 에이브러햄 매슬로의 '욕구위계이론Need Hierarchy Theory'이 있다. 매슬로는 인간을 기본적으로 다섯 가지 욕구를 충족하지 못하면 불편해지는 존재로 보았다. 가장 기본인 '생리적 욕구'만 보더라도 사람은 생존에 필요한 음식, 물, 주거, 휴식, 수면, 정서적 돌봄, 애착 형성 등의 요소들이 충족되지 못하면 불쾌하고 불편해진다.

아이가 돌을 갓 지났을 무렵, 그동안 무심히 여겼던 인간의 생리적 욕구들을 마주하게 되었다. 태어나서 24개월까지 영아기 육아에서 가장 중요한 것은 두 가지이다. 잘 먹고 잘 자는 것. 이 두 가지가 수월한 아기는 효자, 효녀로 불린다. 엄마는 잠시라도 온전한 휴식을 취할 수 있고, 아기 역시 잘 먹고, 잘 자고, 잘 놀고 보채지 않기 때문이다. 그런데 유난히 예민한 아기들이 있다. 잘 먹지 않고 잠도 잘 자지 않는다. 아기 역시 생리적 욕구가 충족되지 못하니 몸과 마음에 불편한 기색이 나타나고, 이 불편함은 고스란히 엄마의 육아 강도를 높인다. 가뜩이나 모든 것이 서툰 초보 엄마 아닌가? 아기를 안고 달래고, 기저귀를 갈고, 수유를 하고 트림을 시키고, 재우고 씻기는 일까지 당황스러울 정도로 새로운 삶이 펼쳐지는 중이다. 이미 충분히 낯선 상황에 엄마는 시쳇말로 영혼까지 탈탈 털린다. 여기에 잠과 식사에 예민한 아기라니, 엄마의 인생 그래프에서 최대 위기라 해도 과언이 아니다.

쉬고 싶은 것은 죄가 아니다

엄마의 하루는 혼란으로 시작해 혼란으로 끝나곤 한다. 욕구가 채워지지 않아 발생하는 혼란은 엄마를 더 힘들게 한다. 예를 들어, '휴식이 필요한 엄마'의 마음을 알 리 없는 아기가 잠을 자지 않거나, 칭얼거리거나, 일거리(토하거나, 음식을 쏟거나, 이불에 오줌을 싸는 등)를 더하는 상황을 떠올려 보자. 쉬고 싶은 마음을 억누르고 눈앞에 상황을 수습해야 할 때, 엄마의 마음은 복잡하고 힘들다.

아이가 세 돌이 좀 지났을 때였을까? 유독 잠을 자지 않던 날이었다. 힘든 마음에 감정이 폭발하고야 말았다.

"왜 이렇게 엄마를 못살게 구니! 엄마 힘들어. 그만하고 잠 좀 자자, 제발!"

겨우 만 세 살짜리 아이에게 할 말은 아니었다. 하지만 그때 나는 손 하나 까딱할 힘이 없는 상태에서 아기가 잠들기를 기다리는 중이었다. 내 마음을 알 리가 없는 아이는 물을 가져다 달라, 손을 잡아 달라, 더우니 창문을 열어 달라며 끝없이 요구했다. 결국 폭발한 나는 아이에게 짜증을 내며 화를 냈고 아이는 울먹이며 멀찌감치 굴러가 버렸다.

육아 일상은 대부분 이런 식이다. 처음부터 화를 내는 엄마는 없다. 최대한 자신의 욕구를 억눌러 뒤로 한 채, 아이에게 최선을 다하고자 한다. '조금 더 참을걸' 자책하고 후회하는 엄마에게 이렇게 말하고 싶다. 쉬고 싶은 것은 죄가 아니라고.

마음이 요동칠 때 할 수 있는 일

생각, 감정, 욕구와 같은 마음속 요소들이 질서 정연하게 정리되지 않으면 심리적 혼란은 더욱 심해진다. 아이를 기르면서 왜 화가 나고 짜증이 나는지, 왜 혼란스러운지 마음속 경험을 차근차근 이해할 필요가 있다. 마음이 요동칠 때 피하지 않고 직면한다면, 갈등과 혼란은 점차 줄어든다.

아이를 기르면서 또 마음이 요동칠 때가 있다. 바로 어린이집이나 유치원에 아이를 맡길 때이다. 많은 아이가 한 장소에서 생활하는 만큼, 엄마의 바람이 모두 반영되기는 어렵다. 때로는 불편함을 느낄 때도 있다. 그렇다고 함부로 감정적으로 대처할 수도 없다.

'이야기했다가 선생님과 관계가 나빠지면 어떻게 하지?'
'괜히 우리 아이에게 불똥이 튀는 건 아닐까?'

우리 마음에 다양한 생각과 불편한 감정이 떠오를 것이다. 이

때 가장 중요한 것은 내가 원하는 것 즉, 욕구를 마주하는 것이다. 내가 원하는 것이 무엇인지 정확하게 파악하는 것만으로도 요동치는 마음을 가라앉힐 수 있다. 마음은 이해받고 인정받을 때 편안해지기 때문이다. 그리고 그때 감정적이 아닌, 이성적이고 합리적인 대처를 할 수 있다. 이러한 욕구에 대한 명료한 인식은 이를 충족시킬 수 있는 현실적인 방안을 모색하고, 상황을 긍정적으로 변화시키는 동기와 행동의 원천이 된다.

욕구 마주하기

'길을 잃었을 때는 마음을 나침반으로 삼아라.'

– 레이디 엔터벨룸(미국 테네시 출신의 컨트리 밴드)

인간의 욕구는 매우 보편적이다. 남녀노소를 불문하고 누구나
의식주와 수면에 관련된 생명을 유지하려는 욕구가 있다. 나아가
신체적 또는 심리적 위험과 공포, 박탈 등으로부터 자신을 안전
하게 지키고자 하는 욕구, 소속감과 유대감을 느끼고자 하는 욕
구 역시 모든 사람에게 해당한다. 누구나 다른 사람들로부터 인
정받고 사랑받기를 원하며, 자신의 잠재력과 능력을 인식하고 실
현하고자 하는 자아실현의 욕구가 있다.

욕구	내용
생리적 욕구	– 공기, 음식, 물, 수면, 성욕, 휴식, 배설, 건강 등이 포함 – 평생 반복적으로 충족시켜야 함
안전과 안정의 욕구	– 물리적 위험으로부터의 보호, 정신적 위험 감소, 경제적 안정, 삶의 질서, 예측 가능한 환경, 독립, 보호, 자유 등 – 신체적 안정뿐만 아니라 심리적·감정적 안전도 포함
사랑과 소속감의 욕구	– 가족이나 공동체, 사회 구성원으로서의 소속감을 원하는 욕구 – 동료 집단에 속하여 소속감을 느끼고, 우정이나 애정을 나누고 싶어 하는 욕구
자존감의 욕구	– 인정과 존경을 원하는 감정적 욕구
자아실현	– 잠재력과 능력을 인식하고 실현하고자 하는 욕구

육아를 하며 느끼는 불편한 감정들은 우리가 부족해서 느끼는 것일까? 그렇지 않다. 인간이기에 누구나 가지고 있는 욕구가 충족되지 못했기 때문이다. 자책하지 말고 자신의 마음을 있는 그대로 마주하자.

'편안하고 즐거운 아침을 시작하기를 원한다.'
'우리 가족이 건강하기를 바란다.'
'가족들을 위한 나의 노고가 인정받기를 바란다.'
'나에게도 개인적인 자유가 필요하다. '

'하루가 편안하게 마무리되기를 바란다.'
'저녁에는 잘 쉬고, 내일을 준비하기를 바란다.'

엄마라고 해서 먹지 못하고, 자지 못하고, 쉬지 못하는 것이 괜찮을 리 없다. 엄마라고 해서 쉬고 싶지 않을 리 없다. 엄마도 이해받고 싶고, 엄마도 '나 자신'을 지키고 싶다. 욕구가 충족되지 않았을 때, 상황이나 다른 사람을 탓하며 불평하는 데 에너지를 소모하지 않도록 주의해야 한다. 대신 욕구를 인정하고, 현실적인 방법을 찾아 긍정적인 변화를 일으킬 수 있도록 노력해야 한다. 이를 위해 가장 먼저 해야 할 일은 육아로 지친 자신에게 따뜻한 위로의 말을 건네는 것이다.

'나는 없고 아이 중심으로 돌아가는 일상이 갑갑하다.'
'쉴 새 없이 놀아달라고 하는 아이의 요청에 지친다.'
'일, 육아에 살림까지 멀티플레이어로 살아야 하는 현실이 벅차다.'
'아이들의 울음소리, 떼쓰는 소리가 괴롭다.'

이러한 위로의 말은 우리에게 심리적 안정감을 주고 회복 탄력성을 높이는 데 큰 도움이 된다. 아이만큼 소중한 자신에게 따스한 위로를 건네 보자.

육아가 버거운 엄마들을 위한

마음 챙김

"엄마, 와서 이거 좀 보세요."

"엄마! 얘가 자꾸 내 장난감 가져가요!"

내 상태가 어떻든 아이들은 아랑곳하지 않고 계속 싸우고 나를 불러 대던 날이었다. 여러 번 이야기해도 소용이 없었다.

"엄마 지금 저녁 준비하는 거 안 보이니? 제발 싸우지 좀 말고 기다려!"

결국 소리를 지르고 나서야 상황이 일단락되었다. 눈빛, 표정, 손짓 그 어디에도 다정함을 담을 수 없었다. 그날 밤, 나는 수없이 지나온 다른 밤처럼 후회와 자책이 담긴 한숨을 내쉬었다.

때로는 '내가 왜 이러지?' 할 만큼 옅은 미소조차 지을 수 없는 날이 있다. 사랑이라고는 눈 씻고 봐도 찾을 수 없는, 엄마 마음이 까칠한 날이다. 이런 날에는 아이들의 작은 실수도 커 보이고 거슬린다. 비난하듯 날이 선 언어와 신경질적인 말투로 아이들을 대하고, 거친 행동도 서슴지 않는다. 후회와 자책이 쌓여 가던 어느 날, 곰곰이 생각한 끝에 깨달은 것은 육아에서 경험하는 '화'와 '짜증'은 결국 내 마음에서 비롯되었다는 사실이었다.

아이들이 사이좋게 놀기를 바라고 식사는 제자리에서 하기를 바란다. 수저를 야무지게 다루고 음식을 골고루 먹었으면 좋겠고, 한번 이야기하면 바로 알아듣고 행하기를 바란다. 하지만 이상과 현실은 너무 다르다. 눈 앞에 펼쳐지는 현실과 욕구의 간극이 클수록 엄마는 힘들고 지친다. 이럴 때는 어떻게 해야 할까? 육아가 버겁고 불편한 상황이 펼쳐졌을 때, 다음 단계를 따라 하며 자신의 마음을 마주해 보자.

① **[관심]** 욕구에 주의를 기울인다.
② **[수용]** 욕구를 알아차린다.

(예 '나에게 편안함이 필요하구나', '나는 지금 쉬고 싶구나')

③ **[실천]** 현실적으로 가능한 방안을 모색하고 실천한다.

- 자극 차단: 불편한 소리, 환경을 피하거나 수용할 수 있는 정도로 조절한다.

  (예 귀마개 사용, 분리된 공간에서 혼자만의 시간 갖기)

- 휴식과 자아 관리: 산책, 낮잠, 음악 감상, 아로마 오일을 활용한 리프레시 등 휴식 방법을 찾는다.

- 의사소통: 상황을 파악하고 불편한 욕구를 충족할 수 있는 현실적인 방안을 모색한다.

처음에는 욕구에 주의를 기울이고 알아차리는 것이 어색할 수 있다. 하지만 내면의 욕구를 마주하며 건네는 소통은 진실하며, 원하는 바를 실현할 수 있는 에너지를 갖는다. 이 과정을 통해 상처받은 마음을 위로하고 더 건강한 소통을 할 수 있다.

마음에 신호등이 있다면

마음을 잘 조절한다는 것은 '마음 신호 감수성'이 높고, 그 신호에 따라 적절하게 대처하고 행동할 수 있음을 의미한다. 마음이 어떤 상황에서 빨강인지, 노랑인지, 초록인지 잘 이해해야 마음과의 소통을 원활하게 할 수 있다.

"아이들 싸움이 부모 싸움 된다더니 그 말이 딱 맞아요. 소미가 속상해하니 저 역시 화가 나더라고요. 그 애들도 엄마들도 너무 미웠어요."

소미 엄마 지수 씨는 소미가 친구들과 잘 어울리지 못하고 갈등이 생길 때마다, 엄마인 자신도 불편한 감정에 휩싸였다는 점이 부끄럽고 싫다고 했다. 아이들은 아직 미숙하니 그럴 수 있지만, 어른인 자신만큼은 이성적으로 대처하고 아무렇지 않게 중재할 수 있어야 했는데 그러지 못했다며 속상해했다.

소미 엄마는 왜 아무렇지 않게 행동하지 못했을까? 이유는 간단하다. 소미가 사랑받기를 원하고 친구들과 잘 어울리기를 바라기 때문이다. 이는 욕구에 따른 자연스러운 반응이다. 다만 욕구가 충족되지 못하는 상황에서 엄마의 마음은 당연히 불편할 수밖에 없다. 마음이 이렇게 빨강 신호를 보낼 때, 우리는 상황에서 벗어나고 싶고 피하고만 싶다. 이것은 내 것이 아니라고 밀어내고 싶다. 하지만 불편한 감정을 부정하지 않고 수용해야 마음을 잘 조절할 수 있다. 그리고 현재의 상황을 객관적으로 직시해야 내면에 있는 충족되지 못한 욕구를 살필 수 있다.

'속상한 나에게 위로와 공감이 필요하구나.'
'친구들이 소미를 좋아해 주기를 바라는구나.'
'소미가 친구들과 사이좋게 놀기를 바라는구나.'

화, 분노, 짜증, 불안 등 마음에 빨강 신호등이 켜진다면 내면에 존재하는 충족되지 못한 욕구는 어떤 것인지 먼저 살펴보자.

욕구 알아차리기: 내가 ~를 바라는구나

① 화가 나는 상황
"엄마, ○○ 형아가 화난다고 저한테 욕을 하고 밀쳤어요!"

[관심] 욕구에 주의 기울이기: 마음이 불편하다. (속상함, 화)

[수용] 욕구 알아차리기: 아이가 친구들에게 존중받기를, 안전하게 지내기를 바라고 있다.

[실천] 현실 가능한 방안 모색 및 실천: 공감 및 의사소통

- "기분이 어땠어? 화가 많이 났을 것 같은데?"
- "어떤 일이 있었는지 얘기해 줄래?"
- "다음에 또 이런 상황이 발생하면 어떻게 하면 좋을까?"
- "그 방법이 통하지 않으면 어떻게 할지 생각해 볼까?"
- "솔직히 얘기해 줘서 고마워."

② 짜증이 나거나 불안한 상황

"옆집 사는 ○○는 3살 때 이미 한글을 다 읽었대요."

[관심] 욕구에 주의 기울이기: 마음에 거슬린다. (불안, 조바심)

[수용] 욕구 알아차리기: 비교 당하기보다 본인의 속도를 유지하며 존중받기를 바라고 있다.

[실천] 현실 가능한 방안 모색 및 실천: 나의 욕구 전달하기

- "아이마다 속도가 다르다고 생각해요. 조금 기다려 줘도 될 것 같아요."

무관심에서 벗어나는 방법

많은 현대인이 경험하는 번아웃 증후군이나 공황 장애, 우울증
은 마음을 대하는 방식과 관련이 있다. 마음이 끊임없이 힘들다
고 신호를 보내도, 이를 알아채지 못하거나 아예 무관심으로 대
응하게 된다. 마음과의 소통을 놓친 채 현실 또는 불편한 상황
을 마주하지 않고 외면하는 것에 익숙해지면 마음을 잘 관리하
지 못하게 된다.

　아래 일곱 문항을 읽고 체크해 보자.

　① 기력이 없고, 쇠약해진 느낌이 든다.
　② 쉽게 짜증이 나고 분노가 치밀어 오른다.
　③ 맡은 일을 수행하는 데 정서적으로 지쳐 있다.

④ 만성적으로 감기, 요통, 두통과 같은 질환에 시달린다.

⑤ 우울한 정도를 넘어서 에너지 고갈 상태이다.

⑥ 삶이 즐겁지 않고, 행복하다고 느껴지지 않는다.

⑦ 스트레스로 음주나 흡연 횟수가 증가했다.

위 문항 중 두 개 이상 체크했다면 당장 변화가 필요하다. 스트레스를 효과적으로 관리하려면, 특히 부정 신호에 민감하게 반응해야 한다. 마음을 방치하는 것뿐만 아니라 계속 그 상태를 인지하지 못하면 결국 에너지가 고갈된다. 고갈된 마음은 문제를 일으킨다. 마음을 회복하려면 '시간'이 필요하다. 일상에서 긍정적인 정서와 심리적 안정감을 경험할 수 있는 시간을 반드시 만들어야 한다. 다음 활동을 참고하여 실천할 수 있는 나만의 항목을 정리해 보자.

① 아무것도 하지 않는 시간 갖기

② 싱글 태스킹: 한 번에 한 가지 일만 하기

③ 비타민 타임: 좋아하는 일을 하며 의미 있는 시간 보내기

④ 지나간 일을 후회하지 않기

⑤ 혼자 있을 때도 자주 미소 짓기

⑥ 나의 부족한 점과 못하는 일을 인정하기

⑦ 당장 바꿀 수 없는 일은 뒤로 미루기

나를 되찾고 싶은 엄마들을 위한

마음 챙김

폭풍과도 같았던 영유아기 육아 생활이 만 4년 정도 지나자, 한동안 챙기지 못한 나 자신이 눈에 들어오기 시작했다. '내가 올해 몇 살이더라?' 나이도 헷갈리기 시작하고 세월은 빠르게 흘러 곧 40대를 앞두고 있다. 아이를 낳기 전까지만 해도 멋진 커리어 우먼을 꿈꾸던 사회 구성원이었건만, 불과 몇 년 새 과거의 나는 사라지고 후줄근한 옷차림의 엄마만 남았다. 육아에 치이다가도 문득 불안감이 엄습하는 순간이 있다. 이 마음을 마주하면 다음과 같은 생각들을 만나게 될 것이다.

'내가 하고 싶은 건 뭘까?'

'어디에 내 에너지를 써야 할까?'

'내가 뭘 잘하고 좋아했더라?'

이런 불안감은 '자아실현의 욕구'로부터 온다. 자신을 발견하고 이해하고 싶은 욕구가 충족되지 않아 '지금 이렇게 살아도 될까?'라는 불안함이 솟구친다. 이 욕구와 마주할 때 우리는 잠재력을 최대한 발휘하고, 삶의 비전과 꿈, 목표에 직접적으로 다가가게 된다. 자아 실현 욕구는 다음과 같은 키워드로 표현할수 있다.

성장, 잠재력, 목적, 자기 이해, 열정, 발전, 의미, 자유, 자율성, 변화, 사회적 기여, 학습

우선 욕구를 마주하고 공감해 보자.

'열정을 발휘하며 살고 싶구나.'

'성장하고 발전하는 삶을 살고 싶구나.'

'사회적으로도 삶의 의미와 보람을 찾고 싶구나.'

'나의 능력과 강점을 파악하고 이해하고 싶구나.'

인간은 누구나 자아실현의 욕구를 가진다.

'나는 누구인가?'
'내가 원하는 것은 무엇인가?'
'나의 성장 가능성은 무엇일까?'

바쁜 육아로 인해 잠시 내려놓았지만, 이제는 자신의 삶도 챙기며 살고 싶다는 마음의 이야기를 경청하자.

'폴인'이라는 플랫폼의 '일하면서 아이도 키웁니다' 시리즈를 구독한 적이 있다. 그중 퍼셉션 최소현 대표의 조언이 매우 인상적이었다.

"물리적으로, 제도적으로 워킹맘들이 힘든 삶을 살고 있는 것은 사실이에요. 가장 중요한 것은 자기중심이죠. 내 삶의 여러 가지 가능성 중에서 내가 선택한 옵션이고, 그렇다면 다른 기회비용에 대해서는 감내할 수 있어야 해요. 그래야만 그 삶에 충실하고 행복해질 수 있을 것 같아요."

우리에게 주어진 여러 선택지 중 엄마라는 역할을 선택했다면, 자아실현 욕구는 결핍이자 강력한 동기가 된다. 가끔은 멋진 커리어 우먼의 역할을 포기한 것이 후회스럽고 억울하기도 하지만 이 감정 역시 내면으로부터 비롯된 것이다. 자신의 욕구와 소통하기 위해서는 감정을 마주하고 수용해야 한다. 온전한 나를 찾기 위해 내면을 바라보고 신뢰해야 한다. 그래야 비로소 변화를 수용하고, 딛고 일어서는 힘이 생기기 때문이다.

자아실현 욕구 마주하기

자아실현 욕구와 마주했는가? 그렇다면 아래 질문들을 활용하여 욕구를 구체화해 보자. 이 과정을 통해 자신을 더 잘 이해하고, 원하는 삶의 방향성을 찾을 수 있을 것이다.

① 내가 가장 열정적으로 참여하는 활동은 무엇인가?

　(예)그림을 그리거나 글을 쓸 때 기쁨을 느낀다.)

② 내가 이룬 성취 중 가장 자랑스러운 것은 무엇이며, 그 이유는 무엇인가?

　(예)교육을 통해 사람들의 삶에 이바지하고 있다는 생각이 들 때 자부심을 느낀다.)

③ 내가 다른 사람에게 남기고 싶은 유산이나 영향은 무엇인가?

　(예)사람들이 행복한 삶을 살 수 있도록 도움을 주고 싶다. 소통을 통해 삶

의 문제를 현명하게 해결해 나가길 바란다.)

④ 나는 어떤 상황에서 가장 행복하고 만족감을 느끼는가?

(예) 나의 과제에 고요하게 몰입하는 순간이 행복하다.)

⑤ 내가 이루고 싶은 목표나 꿈은 무엇이며, 그것을 위해 어떤 과정을 밟고 있는가?

(예) 블로그를 시작해 육아 경험이나 개인적인 성장 이야기를 나누고 싶다. 이를 위해 매주 세 시간씩 글쓰기 연습을 하고 있다.)

《이상한 나라의 앨리스》의 주인공 앨리스는 나무 위 체셔 고양이에게 묻는다.

"내가 어디로 가야 하는지 알려 줄래?"

그러자 고양이가 대답한다.

"그건 네가 어디로 가고 싶은지에 달려 있지."

체셔 고양이의 대답처럼 중요한 것은 내가 어디로 가고 싶은지 알아차리고 이해하는 것이다. 삶의 정답은 외부가 아닌 내부에 있다. 이 사실을 깨달은 사람은 내면을 이해하기 위해 마음을 마주하고, 그 안에 있는 동기와 가치들을 기준으로 자신만의 삶을 살아간다. 당신의 행동이 마음과 연결될 수 있다면 삶의 균형 잡기는 한결 수월해진다.

나를 찾고 싶을 때, 데일리 마음 챙김 루틴

엄마의 일상을 떠올려 보자. 하루 24시간 중 평균 수면 시간 8시간을 제외하면 실제 활동 시간은 16시간이다. 이 시간 동안 내 마음에 집중해 보면, 수많은 욕구가 떠올랐다가 사라지기를 반복하는 것을 알 수 있다.

다음과 같이 마음속 욕구를 관찰하고, 기록해 보자. 어떤 이야기가 펼쳐질까?

+ (플러스) : 긍정적인 감정 및 충족된 욕구

– (마이너스): 부정적인 감정 및 충족되지 못한 욕구

◦ 엄마의 오전: 아이 등원 및 등교 준비

날짜/요일	7/1 (월)	7/2 (화)	7/3 (수)	7/4 (목)	7/5 (금)
+ 긍정 상황 마음 관찰	(새벽 요가) 평온하고 고요한 몰입이 행복하다.	-	(잘 먹었습니다 인사) 감사하게 생각해 줘서 기쁘다.	-	-
- 부정 상황 마음 관찰	(밥 안 먹고 징징거림) 아침을 즐겁게 시작하고 싶다.	(~해 주세요 반복) 정리하고 쉬고 싶다. 편안하고 싶다.	-	(바쁜데 늑장 부림) 서두르면 좋겠다. 엄마 상황도 이해해 주면 좋겠다.	(잔소리해야 움직임) 스스로 할 수 있는 건 알아서 하면 좋겠다.

◦ 엄마의 오후: 업무 또는 집안일

날짜/요일	7/1 (월)	7/2 (화)	7/3 (수)	7/4 (목)	7/5 (금)
+ 긍정 상황 마음 관찰	(티타임) 커피를 마시니 살 것 같다.	-	-	-	(장보기) 고기를 저렴하게 샀다. 가족들과 도란도란 맛있는 저녁을 먹고 싶다.
- 부정 상황 마음 관찰	(학원 라이딩) 나의 수고를 알아 주면 좋겠다. 내 시간을 자유롭게 쓰고 싶다.	(병원) 요즘 허리가 아프다. 몸 관리를 잘해야 한다.	(집안일) 매번 얘기해도 정리를 안 한다.	(저녁 메뉴 고민) 누가 밥 좀 차려 줬으면 좋겠다.	-

○ 엄마의 저녁 : 퇴근 및 가족과의 시간

날짜/요일	7/1 (월)	7/2 (화)	7/3 (수)	7/4 (목)	7/5 (금)
+ 긍정 상황 마음 관찰	-	-	(저녁 식사) 오늘 하루도 수고했어. 맛있게 먹고 건강하게 지내자.	-	(취침) 평온하다.
- 부정 상황 마음 관찰	(숙제) 숙제를 안 하고 싶다는데 뭐라고 해야 할지 난감하다.	(정리) 연필은 연필꽂이에, 지우개똥은 잘 치워 줘.	-	(주방 뒷정리) 힘들다. 빨리 끝내고 쉬고 싶다.	-

엄마의

분노 조절

워싱턴대학교의 존 가트맨 교수는 30년간, 결혼 생활을 유지하는 부부와 이혼하는 부부 3000쌍 이상을 연구한 심리학자이다. 그는 이 연구에서 행복한 결혼 생활을 하는 부부와 그렇지 못한 부부의 대화 간의 유의미한 차이를 발견했다. 그것은 바로 '존중과 인정의 언어'였다. 오랜 기간 관계를 긍정적으로 지속하는 부부들은 대화할 때 격려, 존중, 인정의 언어 빈도가 높지만, 이혼하는 부부의 대화 속에는 비난, 경멸, 무시, 원망의 언어가 빈번하게 오가는 것으로 밝혀졌다. 분노나 화와 같은 부정적인 감정이 조절되지 못한 채 관계를 악화시켰다.

"도대체 뭐 하는 거야?"

"그러는 당신은 뭘 잘했는데?"

"당신만 참는 줄 알아?"

"어휴 정말 대화가 통해야 말을 하지."

"누가 할 소린데!"

"어이없어."

이유를 불문하고, 비난, 경멸, 무시, 원망 등이 담긴 대화는 인간관계를 악화시킨다. 유대감과 신뢰가 급격히 저하되고, 계속되면 관계는 점차 파멸로 치닫게 된다. 이유는 무엇일까? 사람은 누구나 '존중받고 이해받고 싶은 욕구'를 가지고 있기 때문이다. 존중이란 타인으로부터 수용되고 가치 있는 존재가 되고자 하는 인간의 욕구를 말한다. 존중의 욕구가 충족될 때, 사람은 자신이 가치 있다고 느끼거나 자신이 무언가에 기여하고 있다는 느낌을 받는다. 한편 존중의 욕구가 충족되지 못했을 때는 자아존중감이 낮아지거나 열등감을 경험한다.

건강한 소통을 위해 서로의 입장이나 상황을 이해하고 존중해야 함은 너무 잘 알지만, 갈등 상황에 직면했을 때 이를 실천하기란 쉽지 않다. 서로의 입장, 상황, 생각, 가치 등이 충돌할 때 우리는 쉽게 감정적인 상태가 되고, 타인을 존중하기보다 자신을 방어하기 위해 애쓰게 된다. 예를 들어, 아이에게 화를 낸 엄마는 내면에 충족되지 못한 욕구가 있을 수 있다. 가족을 위해 헌신하며 애쓰는 것을 인정받고, 이해받고 싶다는 욕구일 것이다. 이러한 욕구가 채워지지 않았을 때 엄마는 분노나 좌절의 감정을 경험하게 된다.

오늘도 아이에게 화를 내고 말았다면, 자책하고 후회하기 전에 내면을 마주하자. 마음이 힘들다면 그 누구보다 자기의 편에 서서 이야기해 보자. 내면의 욕구를 알아차리고, 공감하는 것이다. 충족되지 못한 욕구를 수용하고 존중하며, 진심 어린 공감을 건넬 수 있다면 내면의 혼란은 점차 안정적으로 회복될 것이다.

존중이 어려운 이유

수많은 사람과 관계를 맺는다 해도 여전히 어려운 것이 있다. 바로 '존중'과 '이해'다. 마음이 한쪽으로 기울어져 있으면 타인을 이해하고 존중하기가 어렵다. 자기중심으로 편향된 관점은 '나'만을 중요시하고 '나'를 앞세우며, 타인과 자신의 차이를 인식하지 못한다. '나'만 있는 것이 아니라 '너'도 있다는 것을 깨닫는 것이 사회적 관계에서의 존중이다. 상대방을 있는 그대로 인정할 뿐 아니라 그들의 입장, 상황, 생각, 감정이 나와 다를 수 있음을 받아들이고, 차이를 이해하려는 포용적인 태도를 취하는 것이 진정한 존중이다.

　편향된 관점을 이해할 수 있는 우화 '소와 사자의 사랑 이야기'를 보자.

　한 마을에 소와 사자가 살고 있었다. 둘은 사랑에 빠졌고 항상 서로에게 최선을 다하기로 약속했다. 소는 날마다 제일 신선하고 맛있는 풀을 찾아 사자에게 가져다주었다. 사자는 풀을 먹을 수 없었지만, 사랑하는 소의 마음이 고마워서 참고 기쁘게 받았다. 소에게 보답하고 싶었던 사자는 매일 가장 연하고 맛있는 고기를 소에게 대접했다. 고기를 먹지 못하는 소는 괴로웠지만, 사자의 정성을 생각해 먹는 시늉을 했다. 소와 사자가 서로를 위하는 마음은 진심이었지만, 결국 인내심은 바닥을 보이고 말았다.
　'지겨워. 언제까지 풀을 줄 셈이야.'
　'사자는 내게 관심이 없구나. 내가 참고 있는 걸 모르나 봐.'
　소와 사자는 서로를 비난하며 싸우기 시작했다. 자신이 얼

마나 참았는지 토로하며 상대의 행동을 깎아내렸다. 관계
는 점점 악화했고, 결국 둘은 헤어졌다.

소는 사자의 세상을 이해할 수 없었고, 사자는 소의 세상을 이
해할 수 없었다. 사람도 마찬가지다. 기본적으로 자신의 관점으
로 세상을 이해하기 때문에 다른 관점과 방식을 가진 사람들을
오해하고, 그들이 틀렸다고 여기는 태도를 보이기 쉽다. 차이를
인정하지 못하는 닫힌 마음은 인간관계에서 존중과 이해, 소통
과 협력을 어렵게 만든다.

인간관계는 쌍방향이다. 내가 타인에게 영향을 주고, 타인이
내게 영향을 준다. 존중과 이해는 어느 한쪽에게만 해당하는 것
이 아니다. 내가 원하면 상대방도 원한다. 인간관계에서 선순환
을 만드는 가장 확실한 방법은 내가 먼저 긍정적인 변화를 일
으키는 것이다. 포용적인 태도로 상대에게 존중과 이해를 전하
는 것이다.

현대 심리학자 윌리엄 제임스는 인정 욕구야말로 인간이 가질
수 있는 가장 깊은 욕구이며, 거부당하는 것이야말로 가장 큰 두
려움이라 했다. 따라서 인간관계에서 신뢰를 형성하기 위해서
는 서로를 인정하고, 서로의 입장을 존중하는 태도를 잃지 않는
것이 무엇보다 중요하다. 아이와 엄마의 관계에서는 서로의 존

재, 생각, 감정, 욕구, 가치가 어느 한쪽으로 지나치게 기울어지지 않고 동일 선상에서 균형을 이루어야 한다.

내 의견과 아이의 의견이 다를 때, '나 중심'으로 강요하지 않고 아이의 마음을 폭넓게 경청하며 공감하는 것은 존중을 표현하는 의사소통 방법이다. 존중을 기반으로 하는 의사소통은 부드럽고, 침착하고, 생산적으로 이어진다. 반면, 존중이 결여된 의사소통은 투쟁, 회피, 경직과 같은 반사적 반응을 불러온다.

육아 현실에서 마음에 주의를 기울이는 일은 아이의 마음을 이해하고 배려하는 데 중요한 역할을 한다. 예를 들어, "조용히 해! 가만히 있어!"라는 말이 나오는 불편한 상황에서, 마음을 챙기는 엄마는 "많이 심심하구나. 무슨 놀이를 하면 좋을까?"라며 아이의 마음을 배려하고 공감하는 소통을 선택할 수 있다. 이러한 접근은 부모와 아이 모두에게 긍정적인 방향을 제시함과 동시에 건강한 문제 해결의 지름길이 된다.

저녁 식사 시간에 종이접기를 계속 하고 싶어 하는 아이와 밥을 먼저 먹이고 싶은 엄마 사이에 갈등이 생기는 상황을 생각해 보자. 벌써 엄마는 여러 차례 밥을 먼저 먹자고 이야기했지만, 아이는 좀처럼 식탁으로 오지 않는다. 이 상황에서 우리는 어떤 선택을 할 수 있을까? 갈등을 불편하게만 여기고 아이의 욕구를 외면한다면 이렇게 외치게 될 것이다.

"당장 오지 않으면 저녁밥은 없을 줄 알아!"

엄마의 날카로운 외침에 아이는 움찔하고, 식사 시간 내내 불안함이 감돌 것이다.

반면, 계속 놀고 싶은 아이의 마음에 먼저 공감한다면 상황은 달라진다.

"아직 마무리를 못해서 아쉽지? 5분만 더 기다릴 테니 얼른 마무리하고 밥 먹자."

이렇게 아이의 욕구를 인정하고 현실적인 배려를 건네면, 아이는 자기 입장과 감정이 존중받고 있다고 느낄 것이다. 아이에게 자신의 감정과 욕구를 표현할 수 있는 공간을 제공하고, 부모가 그 욕구를 이해하고 수용하는 것이 건강한 상호 작용의 출발점이 된다. 존중은 상대방의 상황과 감정을 고려하고 받아들이는 것이며, 이를 통해 부모와 아이 간의 관계는 더욱 깊어질 것이다.

이를 실천하기 위해서 엄마는 '자기 존중'을 중요시해야 한다. 엄마 자신의 애씀과 노력을 외면하거나 억압하지 말고, 존중받고 이해받고 싶은 자신의 욕구를 마주하고 위로해야 한다. 엄마의 마음이 방치되면 고갈된 마음은 자연스럽게 지치게 되고, 아이를 챙기기에도 역부족이 된다. 따라서 엄마의 마음이 건강해야 비로소 가족들에게 정서적 지지를 건넬 수 있다.

자책하고 후회하는 엄마의 마음 챙김

분주한 아침, 아이의 한마디가 귀에 날아와 꽂힌다.

"엄마, 왜 밥 안 줘? 나 배고픈데!"

당연하다는 듯 묻는 아이의 말에 신경이 날카로워진다.

"엄마한테 밥 맡겨 놨어? 그리고 너, 말투가 그게 뭐니? 엄마가 네 친구야?"

차갑게 되묻는 내 말에 아이는 입술을 삐죽거리다 방으로 휙 들어가 버린다. 그 뒷모습에 화가 치밀어 오르고 당장이라도 쫓아 들어가고 싶지만, 입술을 깨물고 꾹 참는다.

엄마라면 누구나 경험했을 상황이다. 매일 따뜻한 밥을 차려주기 위해 장을 보고, 맛있는 메뉴를 고민하는 엄마의 마음을 알아주기는커녕 밥 짓는 식모 대하는 듯한 아이의 말투와 태도는 엄마를 불편하게 만든다. 그 불편함에 버럭 화를 냈지만, 어쩐지 마음 한편에 묵직한 납덩이가 든 것처럼 마음이 무겁다.

나는 왜 화가 났을까? 지금 충족되지 못한 내 욕구는 무엇일까? 잠시 눈을 감고 화가 났던 상황을 되짚어 보며, 어떤 욕구가 필요한지 생각하자.

◉ 엄마가 하는 모든 집안일에 대해 아이가 감사하는 마음을

가졌으면 좋겠다.

- 식사를 챙기기 위해 쏟는 엄마의 노력과 애씀을 당연하게 생각하지 않았으면 좋겠다.
- 아이를 위한 엄마의 사랑이 온전하게 인정받았으면 좋겠다.

어쩌면 욕구를 마주하는 것에 불편함이 느껴질지도 모른다. 하지만 화를 냈다는 사실을 자책하며 후회하는 것보다 자신의 욕구를 온전하게 마주하고 자신을 위로하는 과정만이 엄마의 마음을 단단하게 만드는 길이다.

충족하고 싶은 욕구를 마주했다면, 아이에게 화를 내고 후회하는 자신의 마음을 돌보아 주자. 아이에게 차갑게 대한 것에 속상한 마음이 들고, 조금 더 따뜻하게 대할 수 있었는데 좋은 선택을 하지 못한 자신이 바보 같다고 느껴질지도 모른다. 지금 그 마음을 다독여 주자. 내가 스스로 감정을 다스리고 존중할 때, 상대방의 감정을 돌아볼 수 있는 여유가 생긴다.

욕구를 이해하고 마주하며, 마음을 돌보고 공감하면 상처는 회복되고 내면은 튼튼해진다. 단단해진 마음은 감정을 조절하고 서로의 감정에 대해 진솔하게 소통할 힘을 발휘하게 된다.

열린 소통: 원하는 것을 소통하다

"뺏지 마!"
"싸우지 마!"
"남기지 마!"

이 말에 숨겨져 있는, 우리가 진짜로 원하는 것은 무엇일까?

"뺏지 마!" ▷ 형제에게 돌려주는 것
"싸우지 마!" ▷ 사이좋게 지내는 것
"남기지 마!" ▷ 밥을 남기지 않고 다 먹는 것

진정으로 바라는 자신의 욕구와 마주하면 세상과 소통하는 방식이 달라진다. 다음은 '원하지 않는 것을 억제하는 방식'에서 '원하는 것을 제시하는 방식'이다.

"뺏지 마!" ▷ "○○에게 다시 돌려줄까?"
"싸우지 마!" ▷ "조금씩 양보하면서 사이좋게 지내자."
"남기지 마!" ▷ "남기지 말고 깨끗하게 다 먹자."

'원하는 것을 제시하는 방식'은 마음을 마주하는 소통 방식이다. 우리는 원하는 것이 무엇인지 명료하게 이해할 때 열린 태도를 잃지 않고 문제에 대처할 수 있다. 바꿔 말하면, 타인의 생각, 감정, 상황을 존중하면서도 원하는 것을 진솔하게 소통하는 방식이다.

한편, 자신이 무엇을 원하는지 알지 못해 혼란스러운 마음 상태는 표현 방식이나 관점을 제한하고, 결국 소통의 어려움을 초래할 수 있다.

"왜 너는 너만 생각하니?"

마음을 외면하면 혼란스러운 감정에 말문이 막히거나, 원인을 상대의 탓으로 돌리며 감정적으로 반응하게 된다. 상대방의 입장과 상황을 고려하기보다 문제의 책임을 상대에게 전가해 그로 인해 또 다른 갈등이 초래되는 것이다.

구분	욕구 마주하기	욕구 외면하기
내용	원하는 것을 알아차림	문제를 인식함
삶의 방식	원하는 것을 이해함	원하는 것이 무엇인지 알지 못함
	원하는 것을 공감함	싫어하는 것을 피하고자 함
감정	심리적 안정감	불안 및 공포
소통	존중, 이해, 공감	비난, 원망, 질책
소통 예시	"즐겁게 웃으며 지내자." "사이좋게 양보하자." "쉿! 조금 조용히 놀자." "밥 먹는 데 집중하자."	"울지 마." "뺏지 마." "싸우지 마." "조용히 해." "하지 마."

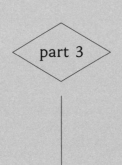

part 3

마음 신호등:
감정에 주의 기울이기

노력하는 엄마라서 힘든 겁니다

노력하는 엄마라서 힘든 겁니다

정말 예쁘고
정말 힘들다

2017년 어느 가을날, 쌍둥이가 10개월쯤 되었을 때였다. 낙엽이 떨어진 산책로가 꽤 운치 있게 느껴지던 그날, 나는 홀로 비밀스러운 계획을 세웠다.

'아이들 재우고 딱 10분만, 커피 딱 한 잔만 마시고 오자!'

동요를 부르며 토닥이기를 40분. 평소라면 벌써 잠들었을 시간이건만, 지친 엄마 마음을 아는지 모르는지 둘째 아이가 좀처럼 잠에 들지 않았다.

'제발, 엄마 딱 10분만 쉬고 싶어. 빨리 좀 자라.'

이러다 첫째가 깨기라도 하면 나의 작은 행복은 물거품이 될
지도 모른다. 잠이 든 듯해 슬그머니 방을 나오면 눈을 번쩍 뜨고
울기를 몇 차례. 마음 깊은 곳에서부터 화가 치밀어 올랐다. 내
변화를 눈치챘는지 아이는 더 심하게 칭얼거리며 잠을 자지 않
았다. 잠든 첫째가 깰까, 둘째를 거칠게 안고 방을 나왔다.

 "왜 안 자는 거야? 대체 왜!"

 아이에게 다그치듯 소리를 질렀다. 도저히 놀아 줄 기분이 아
니라 그대로 거실에 아이를 두고 방으로 들어와 버렸다. 시간이
얼마나 흘렀을까. 거실에 나가 보니 아이는 혼자 놀다 지쳐 잠들
어 있었다. 죄책감이 파도처럼 밀려왔다. 아무것도 모르는 아이
에게 화를 내고 나니 너무 부끄러웠다. 휘몰아치는 감정을 조절
하지 못하고 쏟아 낸 것이 후회스러웠고 내 자신에게 화가 났다.

 '말을 할 수 있었다면 잠이 안 온다고 했겠지.'

 '잠이 안 와서 안 잔 것뿐인데, 내가 화를 내니 얼마나 무서웠
을까.'

 육아를 하다 보면 무엇이 옳고 그른지 판단하지 못하고 감정
에 휩싸여 나도 모르게 부정적인 말과 행동이 튀어나올 때가 있
다. 조절되지 못한 감정은 때로 폭력으로 이어져 관계에 상처를

남기기도 한다. 다시는 그러지 말아야지 하고 마음먹지만, 이 결심이 무색하게 또다시 널뛰는 감정에 휘둘리는 자신을 발견하게 된다. 과연 감정을 조절하는 것이 가능한 일인지 의심이 들 지경이다. 의지만으로 감정을 다스리는 것이 불가능하다고 느낄 만큼, 감정 조절은 어려운 일이다. 실제로 부정적인 감정을 감지하는 뇌의 편도체가 극도로 흥분 상태에 이르면, 감정을 조절하는 역할을 하는 전두엽이 짧게는 30초에서 길게는 3분 동안 작동을 멈춘다고 한다.

감정이 휘몰아치기 시작하는 30초에서 3분 사이, 이 짧은 시간이 감정 조절의 골든 타임이다. 이 시간을 어떻게 보내느냐에 따라 재빨리 이성을 회복할 수도 있고, 반대로 그 시간 동안 감정에 휩싸여 몇 시간, 하루, 혹은 그 이상을 보낼 수도 있다. 이 골든 타임을 인지하고 현명하게 대처할 수 있다면, 폭주하는 감정을 진정시키고 다시금 감정의 고삐를 잡을 수 있다. 이 골든 타임을 잘 활용하기 위해 우리가 할 수 있는 일은 무엇일까?

내 마음속 빌런

얼마 전 읽은 《좋은 부모의 시작은 자기 치유다》(비벌리 엔젤 지음,

조수진 옮김, 책으로여는세상, 2022)에서 저자는 자기 감정에 깨어 있을 때, 우리가 누구인지 더 많이 발견할 수 있다고 했다. 마음속에서 끊임없이 치고 올라오는 감정과 싸우거나 벽을 쌓는 대신 민감하게 감정을 마주하고 깨어 있어야 비로소 자신을 정확하게 바라볼 수 있다는 의미이다.

일 년에 몇 번 만나지 못하지만, 친정 엄마를 만날 때마다 나는 이렇게 잔소리를 했다.

"엄마, 너무 일만 하지 마시고, 친구들도 좀 만나고 하세요. 그런 게 행복이지 다른 게 있겠어요?"

엄마는 늘 열심히 일만 하며 사셨다. 한결같은 엄마의 일상이 조금 더 다채로워지길 바라는 마음에 한 소리였지만, 평생을 그렇게 살아온 엄마의 인생이 한순간에 바뀌는 것은 아니었다. 늘 감정을 꾹 눌러 무대 뒤편으로 보내기에 바빴고, 부정적인 감정은 무시하며 살아왔다.

마음 챙김을 알기 전 나는 엄마를 꼭 닮은 딸이었다. 나의 감정에 무관심했고, 특히 부정적인 감정이 느껴질 때마다 모른 척 '회피'하기 바빴다. 거기엔 내 나름대로 정당한 이유가 있었다. 부정적인 감정이 삶을 '방해'하기 때문이었다.

'불안해서' 새로운 일에 도전할 수 없다고 느꼈다. '귀찮아서' 일찍 일어나겠다는 목표를 지킬 수 없었다. '게을러서' 시간을 효율적으로 쓰지 못하고 늘 바쁘게 살았다.

'바보 같은' 감정들과 나약한 마음이 앞으로 펼쳐질 내 멋진 인생을 가로막는다고 생각했다. 생각대로 움직이지 않는 마음을 원망하며 가급적 마음의 신호를 무시했다. 하지만 돌이켜보면 그건 두려움이었다. 힘든 감정을 마주할 용기가 없었다.

혹시 두려움, 분노, 슬픔, 죄책감과 같은 감정을 '나쁜 감정'이라 여기고 있지 않은가? 감당하기 힘들어서 감정을 부인하거나 무관심하게 회피하고 있지는 않은가?

마음의 주인이 되기 위해서는 '마주할 용기'가 필요하다. 외면하고 싶었던 마음을 향해 주의를 기울이고 열린 태도를 가져야 한다.

자존감 스위치

감정은 우리의 삶에서 매우 중요한 역할을 한다. 때로는 감정이 우리를 고양시키고 힘을 주지만, 때로는 우리를 무너뜨리고 혼란에 빠뜨리기도 한다. 특히, 감정에 휘둘릴 때 자신도 모르게 충동적인 행동을 하거나 후회할 만한 선택을 하게 되는 경우가 많다. 만약 감정을 조절할 수 있다면 어떨까? 감정을 다스리는 것은 단순히 마음의 평정을 유지하는 것을 넘어, 자존감을 높이는 강력한 도구가 될 것이다.

너새니얼 브랜든은 《자존감의 여섯 기둥》(김세진 옮김, 교양인, 2015)에서 우리의 결정과 행동이 자존감에 직접적인 영향을 미친다고 강조했다. 그의 주장에 따르면, 우리의 선택은 단순한 행동의 결과물이 아니라 스스로를 어떻게 평가하고 인식하는지와 깊이 연결되어 있다. 예를 들어, 혼란스러운 감정에 휩싸여 실수를 하거나 후회스러운 행동을 하면, 그 경험은 자신에 대한 부정적인 인식을 강화한다. 반면에 어려운 상황에서도 감정을 잘 조절하여 올바른 선택을 하면, 스스로를 긍정적으로 바라보며 자존감을 높이는 계기가 된다.

물론 감정을 다스리는 일은 결코 간단하지 않다. 이때 필요한 것이 바로 알아차림과 수용의 태도다. 당신은 현재 자신에게 일어나는 상황과 감정을 어떻게 인식하고 있을까? 마음의 경험을 보다 객관적으로 바라볼 수 있도록, 마음에 울림을 주는 문구를 찾아보며 삶에 적용해 보자.

알아차림을 위한 일곱 가지 가르침

- '내가 느끼는 감정은 나 자신이 아니라 내 안을 지나가는 흐름일 뿐이다.'
- '감정을 선택할 수는 없지만, 그 감정에 어떻게 반응할지는 선택할 수 있다.'
- '일어나는 모든 일은 경험과 배움을 선사하기 위한 것이다.'
- '평가하거나 판단하지 말고, 그저 일어나도록 내버려두고 관찰해 보자.'
- '과거와 미래를 헤매는 마음을 돌보고, 이 순간에 존재하는 법을 배우는 것이 필요하다.'
- '생각이나 감정을 나 자신과 동일시하지 않고, 그저 관조하

는 자세가 중요하다.'

- '나와 타인을 판단하거나 바꾸려 하지 말고 그저 지켜보라.'

이 가르침들은 감정을 객관적으로 바라보고, 그 흐름을 있는 그대로 받아들이는 법을 알려 준다. 감정에 휘둘리기보다 이를 관찰하고 적절한 반응을 선택하는 힘이 당신을 더 강하게 만들어 줄 것이다.

마음 모니터링 하기:

객관적 관찰

마음은 실체가 없다. 눈에 보이지도, 손에 잡히지도 않는다. 그렇다면 어떻게 마음에 주의를 기울일 수 있을까? 화가 났을 때 얼굴, 목, 어깨 등의 신체 변화에 주의를 기울여 본 적이 있는가? 우리가 부정적인 감정을 경험할 때 신체는 큰 변화를 겪는다. 내적으로는 스트레스 호르몬이 분비되고 교감 신경이 활성화된다. 심장 박동이 빨라지고, 혈당과 혈압이 오르며, 온몸의 근육이 긴장한다. 외적으로는 얼굴 근육이 경직되고 눈에 힘이 들어가며, 귀가 빨개지는 등 다양한 변화가 나타난다.

이완 상태일 때 신체적 신호	긴장 상태일 때 신체적 신호
복식 호흡	흉식 호흡
길고 깊은 호흡	짧고 얕은 호흡
편안하고 규칙적인 심박수	빠르고 불규칙한 심박수

미국의 심리학자 윌리엄 제임스와 덴마크의 심리학자 칼 랑게가 제창한 '제임스-랑게 이론'에 따르면, 감정은 신체적 반응 이후에 유발된다. '자극 → 감정 → 신체적 변화'가 아니라 '자극 → 신체적 변화 → 감정' 순이라는 것이다. 이후 신체의 변화를 인식하면서 감정을 느낀다. 예를 들어 아이의 행동으로 인해 화가 났을 때를 떠올려보자. 화를 경험하는 것과 동시에 호흡이 거칠어지고 얼굴 근육이 경직되는 등 신체적인 변화를 경험해 본 적 있을 것이다. 두 학자의 이론에 의하면 감정의 경험에 앞서 생리적 변화가 먼저 발생하고, 신체 반응을 인지한 후 감정이 형성된다.

이 이론을 바탕으로 생각해 보면, 신체와 감정은 긴밀히 연결된다. 우리가 신체 감각에 주의를 기울일 때 감정과 소통할 수 있는 타이밍을 잡을 수 있다. 감각과 연결된 감정, 욕구를 이해해 봄으로써 더 나은 선택을 할 수 있게 된다. 즉, 마음을 조절하고, 회복할 수 있는 기회를 마련하는 것이다.

주의를 기울이면 다양한 생각과 감정이 떠오르고 사라지기를 반복한다는 사실을 새삼 깨닫게 될 것이다. 미래의 일이나 계획들, 오늘 할 일도 떠오른다. 깜박한 일도 떠오른다. 하고 싶은 일과 하기 싫은 일도 떠오른다. 나의 경우에는 주로 최근에 있었던 불편한 기억, 또는 해야 할 일이 자주 떠오르곤 한다. 신체 컨디션에 따라 마음이 무기력하기도 하고, 어떤 날은 평온하고 즐거운 느낌이 들기도 한다. 다만 주의를 기울이기 위해서는 마음에 휩쓸리지 않고 중심(균형)을 유지할 수 있어야 하는데 이때 '객관적 관찰'이 필요하다. 마음에 중심을 세우기 위한 '마음 관찰 훈련' 방법 세 가지를 소개하고자 한다.

마음 관찰 훈련 1. 호흡 명상

호흡은 숨을 들이마시고, 내쉬는 활동이다. 코에서 시작해 가슴, 배까지 호흡이 들어갔다가 다시 배, 가슴, 코로 나오는 일련의 과정을 거친다. 호흡 명상이란 숨이 들어오고 나가는 과정에 오롯이 주의를 기울이는 훈련이다. 하루에도 수만 번의 호흡을 하며 살아가는데 굳이 호흡 훈련을 해야 할까 의구심을 가질지도 모르겠다. 하지만 이 훈련의 핵심은 호흡을 잘하는 것이 아니다. 호흡이라는 대상을 관찰함으로써 주의를 기울이는 훈련을 하는 것이다. 호흡 과정에 주의를 기울이다 보면 지금까지와는 사뭇 다른 경험을 하게 될 것이다. 예를 들어, 숨을 깊게 쉬는 것이 어렵고, 배가 생각만큼 크게 움직이지 않는다는 생각이 들 수 있다. 오히려 호흡을 의식하니 호흡 자체가 부자연스러워지기도 하고, 지루하다는 감정이 들 수도 있다. 이 모든 것이 마음의 경험이다. 외적으로는 냄새나 소리, 불편한 감각 등에 주의가 흐트러지기도 할 것이다. 이 모든 경험을 관찰하는 것이 바로 호흡 명상이며, 주의를 기울여 마음을 객관적으로 관찰하는 마음 챙김 훈련이다. 다음 과정을 따라 호흡 명상을 해 보자.

① 명상 자세를 취하고

② 호흡에 의해 배가 움직이는 것을 느낀다.

③ 처음 몇 번은 의도적으로 크게 호흡한다.

④ 복식 호흡을 유도한다. 들이마실 때 배를 부풀리고 내쉴 때 배를 홀쭉하게 만든다.

⑤ 깊은 호흡을 한다. 들이마시는 호흡보다 내쉬는 호흡을 1~3초 정도 더 길고 느리게 쉰다.

호흡 명상을 통해 호흡 과정에 주의를 기울이고, 이때 경험하는 다양한 마음 현상을 객관적으로 관찰할 수 있다. 배가 오르락내리락 움직이는 느낌, 코끝을 들락날락하는 숨을 관찰하거나 배에서 가슴, 코, 다시 코에서 가슴, 배 순으로 이동하는 호흡의 움직임을 그대로 느끼는 것이다. 이때 마음속에 떠오르는 생각이나 감정이 있다면 알아차린 후, 다시 호흡에 주의를 기울인다. 과거나 미래의 생각에 빠져 의식이 흘러가도록 둔다면 역시 관찰하듯 알아차린다. 그리고 다시 호흡에 주의를 기울인다.

이 과정을 반복하는 것이 마음 챙김의 첫걸음이다. 무척 간단하지만 환경에 따라, 내 몸의 상태에 따라 경험의 내용은 크게 달라진다. 이처럼 마음을 관찰하고 소통하는 연습을 하면 삶을 대하는 태도가 달라진다. 마음 챙김의 삶에 가까워질수록 매일 매 순간을 보다 열린 마음으로 대하고, 지금 이 순간을 섬세하게 받아들이게 된다.

호흡 명상을 효과적으로 경험하려면 바른 자세를 유지하는 것이 중요하다. 가장 일반적인 자세는 양반다리(다리를 교차하여 바닥에 앉는 자세)로 앉는 것이다. 하체는 배꼽 아래를 중심으로 안정감을 느낄 수 있도록 무겁게 두고, 상체는 그 위에 바르게 세운다. 엉덩이가 바닥에 닿는 느낌을 느끼고 지면을 지그시 누른다고 생각하면 중심을 잘 잡을 수 있다. 등을 허리부터 가슴, 어깨,

목까지 바로 세우고, 어깨는 살짝 상체 뒤쪽으로 펴는 느낌, 그리고 아래로 내리는 느낌을 통해 가슴을 열어 준다. 목과 얼굴 또한 편안하게 이완한다. 몸이 앞으로 기울지 않도록 등 뒤쪽에 벽이 있다고 상상하며 살짝 기대는 것처럼 자세를 잡아도 좋다. 양손은 무릎 위에 손바닥을 위로 향하게 하여 가볍게 올려놓고, 부드럽게 눈을 감아 편안함을 유지한다.

마음 관찰 훈련 2. 바디 스캔

바디 스캔이란 신체의 감각을 관찰하는 방법이다. 마음과 신체는 서로 신호를 주고받으며 긴밀하게 의사소통한다. 마음이 부정적일 때는 얼굴 근육이 경직되고, 어깨가 처지며 정서적으로 에너지가 하강한다. 반면 마음이 긍정적일 때 표정은 밝고 몸은 가벼우며, 활기가 느껴진다. 마음과 연결된 신체 감각에 주의를 기울임으로써 마음을 이해하고 소통하는 일이 가능하다. 바디 스캔을 통해 마음을 마주하기 위한 '객관적 관찰'과 '수용의 태도'를 익힐 수 있다. 다음 과정을 따라 바디 스캔을 해 보자.

① 바디 스캔을 할 장소를 선택한다. 조용하고 안락하며, 따뜻

하고 안정감을 느낄 수 있는 장소가 좋다.

② 바닥에 눕기 전, 너무 춥거나 덥지 않도록 온도를 알맞게 조절한다. 바닥이 차갑거나 딱딱하다면 매트나 담요를 준비한다.

③ 차분한 분위기의 조명을 선택한다. 차가운 조명보다는 무드등처럼 따뜻하고 부드러운 조명을 사용한다.

④ 천장을 바라보고 바른 자세로 머리, 어깨, 등, 엉덩이, 팔다리에 힘을 빼고 자연스럽게 눕는다.

이제 편안하게 호흡하며 신체를 관찰하면 된다. 다음에 제시한 일곱 개의 신체 부위에 주의를 기울여 보자. 각 부위에 주의를 기울이는 순간의 경험을 고요하게 관찰하자. 만약 신체의 불편함이나 떠오르는 생각 등에 마음이 흐트러졌다면 바로 깨닫고 다시 신체 부위로 주의를 되돌리면 된다.

- **코와 입:** 호흡 명상을 해 보았다면 방법은 동일하다. 코와 입으로 들어가고 나오는 자신의 호흡에 조용히 주의를 기울인다. 코와 입에서 느껴지는 공기의 흐름, 느낌에 집중하면서 호흡을 가만히 지켜보고 관찰한다.

- **머리와 얼굴:** 본격적으로 호흡에서 머리와 얼굴로 의식을 옮

겨 보자. 차례대로 정수리, 뒤통수, 머리 옆쪽, 관자놀이, 이마, 귀에 천천히 주의를 기울인다. 이마나 미간, 눈에 불필요한 긴장이 느껴진다면 부드럽게 풀어 주고, 눈과 눈꺼풀도 관찰한다. 얼굴은 촉각을 제외한 나머지 감각 기관들이 모여 있는 곳이다. 코, 입으로 내려가면서 얼굴 근육 전체를 스캔하듯이 관찰한다. 코에 주의를 기울이면서 들숨과 날숨을 느껴 보고 조금 내려와 턱과 입에 주의를 기울인다. 턱과 입의 느낌은 어떤가? 불필요한 힘을 빼고 편안하게 이완시키자. 입술의 감각을 관찰하면서 입술의 경계를 찾는다. 혀가 이와 입천장에 닿는 기분을 느껴 본다.

- **목과 어깨:** 이제 머리에서 몸으로 의식을 옮긴다. 머리와 연결된 목의 시작 지점부터 어깨와 연결된 부분까지 차근차근 살펴본다. 목 앞면의 느낌, 옆면과 뒷면의 느낌도 살펴보고, 목구멍에도 주의를 기울인다. 다음은 어깨를 관찰한다. 목과 연결된 부위부터, 경직되기 쉬운 어깨 가운데, 어깨 끝에 위치한 관절에 주의를 기울이자. 긴장이 남아 있는 부위가 있는지 살피고, 깊은 호흡을 하며 주의를 기울인다.

- **팔과 손:** 이제 팔로 의식을 옮긴다. 왼쪽 어깨에서 출발하여 위팔(상박), 팔꿈치, 아래팔, 손목, 손등, 손날, 다섯 손가락까지 관찰한다. 똑같이 오른쪽 팔도 관찰한다. 감각이 잘 느껴

지는가? 당장 느껴지지 않더라도 호기심을 가지고 차분하게 주의를 유지하도록 한다.

- **가슴과 등:** 이번에는 가슴과 등으로 의식을 가져간다. 호흡을 하면서 오르내리는 가슴과 갈비뼈의 움직임에 주의를 기울인다. 심장 박동에 가만히 주의를 기울여 보자. 오르락내리락하는 가슴과 배의 느낌에 집중하며 긴장감을 부드럽게 풀어 준다. 혹시 불편한 감각이 느껴지더라도 판단 평가하지 않고, 있는 그대로 받아들인다. 명치, 배꼽 주변의 느낌, 날개뼈, 복부 뒤쪽과 옆구리의 감각도 관찰한다. 감각이 잘 느껴지는 부위에 주의를 기울여 보자.

- **허리와 골반, 엉덩이:** 이번에는 허리와 골반, 엉덩이에 주의를 기울인다. 허리의 느낌은 어떠한가? 골반을 이루는 앞쪽 치골과 뒤쪽 꼬리뼈에 주의를 기울여 관찰한다. 바닥에 닿아 있는 엉덩이의 느낌, 엉덩이와 다리를 연결하는 고관절에도 주의를 기울여 보고 있는 그대로 느껴지는 감각을 관찰한다.

- **다리와 발:** 왼쪽 다리로 주의를 이동한다. 허벅지, 무릎, 정강이와 종아리, 발목, 발등, 뒤꿈치, 족궁(움푹 들어간 부위), 앞꿈치, 발가락으로 주의를 기울인다. 마찬가지로 오른쪽 다리도 관찰한다.

신체와 마음은 개인이 가진 고유한 자원이며 이 두 요소는 유기적으로 연결되어 있다. 따라서 감각 관찰을 연습하면 마음도 관찰할 수 있다. 신체 자원을 호기심을 가지고 관찰하는 연습을 통해서 심리 자원을 관찰하고 수용하는 태도를 배우자.

마음 관찰 훈련 3. 걷기

걷기는 전신을 움직이는 행위이다. 발, 정강이와 종아리, 무릎, 허벅지, 골반, 허리, 척추, 어깨, 팔, 목, 머리까지 거의 모든 신체 부위들이 조화를 이루며 걸음을 완성한다. 우리는 천천히 걸으면서 움직임에 주의를 기울이는 과정을 통해 '관찰의 힘'을 기를 수 있다. 예를 들어, 발바닥을 의식하며 걷는다고 하자. 발이 지면에 닿고 떨어지는 감각들에 오롯이 주의를 기울인다. 감각에 주의를 기울이는 동안 다양한 생각과 감정들이 파도처럼 밀려온다면 받아들이고 알아차린 다음, 사라지도록 내버려 두자.

호흡 명상, 바디 스캔, 걷기는 마음을 관찰하고 주의력을 기르는 데 매우 효과적인 방법이다. 호흡 명상은 호흡의 흐름에 집중함으로써 현재 순간을 인식하고 주의력을 향상시킨다. 바디 스캔은 신체 감각을 면밀히 관찰하여 마음의 상태를 이해하고, 신체와 마음 간의 상호 작용을 인식하도록 돕는다. 걷기는 신체의 움직임에 주의를 기울이며 다양한 감각을 체험하게 하여 마음을 안정시키고 명료함을 증진한다.

호흡하고 신체를 훑고 천천히 걷는 훈련을 지속적으로 행하면 마음과 소통할 기회를 얻게 된다. 궁극적으로는 심리적 안정과 자기 인식을 강화할 수 있으며, 원하고 바라는 삶의 자리에 한 걸음 더 가까이 갈 수 있다. 이러한 마음 챙김의 실천은 스트레스를 효율적으로 관리하게 하고 정서적 회복력을 높이는 데 중요한 역할을 한다.

내면과 소통하는 방법: 감각 계발

미국의 아동 뇌 최고 권위자인 UCLA 신경정신과 전문의 대니얼 J. 시겔은 저서 《마음을 여는 기술》(오혜경 옮김, 21세기북스, 2011)에서 인간은 오감 이외에도 더 많은 감각을 가지고 있다고 말했다. 여섯 번째 감각인 육감六感은 신체 내부의 상태를 감지하게 해 주는 능력으로 내부의 육체적 고통이나 신호를 느끼는 감각이다. 호흡, 심장 박동, 신체 부위 등에 주의를 기울일수록 육감은 점차 예리해지고, 섬세해진다.

일곱 번째 감각인 칠감七感은 내면을 바라보며 마음을 지각하고 경험을 숙고할 수 있는 감각이다. 주의 기울이기를 통한 객관적 관찰 훈련은 칠감을 계발시킨다. 칠감이 정교해질수록 마음의 현상에 휩쓸리지 않고 자기중심을 지킬 수 있다.

삶이 안정되고 균형을 이룬다는 것은 흔들림이 없는 상태이기보다 그 흔들림 속에서도 자기중심을 지킨 상태를 의미한다. 중심을 지키며 살아가는 사람들은 삶에서 자신만의 잠재력을 발견하고 발휘하며 살아간다. 애플의 창립자 스티브 잡스는 우리의 시간은 제한되어 있으므로 다른 사람들의 사고에 휘둘리지 말고 그들을 위해 시간을 낭비하지 말라고 했다. 동시에 타인의 의견 때문에 내면의 소리를 외면하지 말고, 마음과 직감을 따르는 것이 삶을 대하는 가장 중요한 자세라고도 했다.

이들은 자신과 세상을 연결할 때 내면 소통이 강력한 도구임을 일찌감치 깨달은 듯하다. 섬세한 감각 계발은 내면에 존재하는 삶의 동기, 의미들을 알아차리게 한다. 인생을 살아감에 있어 내적인 자원을 충분히 활용하며 살아가는 일은 좋은 삶과 직결되어 있다. 긍정 심리학에 '심리적 자본'이라는 용어가 있다. 심리적 자본이란 잠재력 실현을 위한 개인의 긍정적인 심리와 의지를 의미하며, 행복과 성공을 위한 마음의 특성들을 말한다. 구체적으로 희망, 효능감, 회복 탄력성, 낙관주의, 이 네 가지 특성은 편향된 인식의 불균형을 바로잡고, 우리가 경험하는 세상을 확장시키는 중요한 마음의 자본이다.

Hope
(희망)

긍정적인 동기 부여 상태

특정 목표를
성취할 것이라는 긍정적인
기대와 인지

Efficacy
(효능감)

주어진 과업을
성공적으로 수행하는 데
필요한 동기 부여 수준

인지적 자원 및 일련의
행위 과정을 동원할 수
있는 능력에 대한 믿음

Resilience
(회복 탄력성)

문제나 역경에 직면했을 때
좌절로부터 원래의
상태로 되돌아오거나
오히려 그것을 뛰어넘는 역량

긍정적 태도로 상황을
재구성하고, 이를 성장의
기회로 삼아 극복해 나가는 행동

Optimism
(낙관주의)

과거에 대한 책임을 부정하는
대신 관대하게 긍정적으로
재구성하는 것

현재에 대한
엄밀한 평가와
미래의 기회를 찾는 의지

웃음이

메말라 갈 때

엄마를 미치게 만드는 상황은 너무 많다. 많아서 손으로 셀 수조차 없다. 아마 그 한 장면만 보는 사람들은 엄마가 정상이 아니라고 생각할지도 모른다. 하지만 엄마는 화를 내기까지, 이미 많은 시간과 상황을 견뎌 왔다. 모성에서 오는 강한 인내심을 발휘하며 닦이고, 씻기고, 중재하고, 어르고 달랬다. 하지만 끝없이 반복되는 상황 속에, 이제는 몸과 마음이 지쳐 버렸다. '올 때 반갑지만, 갈 때는 더 반갑다'는 조부모님들의 우스갯소리처럼 아이를 돌보는 일은 기쁨만큼 엄청난 에너지를 요구한다.

부정적인 감정을 경험할 때, 감정의 균형은 너무도 쉽게 무너진다. 이때 우리는 맞닥뜨린 감정을 평가하거나 분석하기보다 있는 그대로 마주하는 방법을 통해 균형을 되찾을 수 있다. 마음에 떠오르는 생각과 감정이 무엇인지 한 발짝 떨어져서 관찰자의 관점에서 관찰하자. 마음의 현상에 휩싸이는 대신 객관화하고 바라보자.

◉ **지금 이 순간, 자신 앞에 펼쳐진 상황을 객관적으로 묘사+구나**

'아이에게 소리를 질렀구나.'

'아이의 팔을 거칠게 잡았구나.'

'아이에게 인상을 쓰고 있구나.'

◉ **마음에서 경험하고 있는 상황을 묘사+구나**

'아이에게 과도한 감정을 쏟아 내고 자책하고 있구나.'

'부족한 엄마라고 생각하는구나.'

'엄마 자격이 없다고 비난하는구나.'

'말을 듣지 않는 아이에게 서운함을 느끼는구나.'

'똑같은 행동을 반복해서 부끄럽다고 느끼는구나.'

감정적으로 힘든 상황에 처했을 때 '~구나'로 문장을 만들어 상황을 최대한 중립적으로 경험해 보자. 감정에서 한 발짝 떨어져 객관적인 태도로 상황을 바라볼 수 있다면 감정의 균형을 회복하는 데 도움이 된다.

불편한 감정 외면하기

영화 〈인사이드 아웃〉에는 11살 여자아이 라일리와 라일리의 머릿속에 존재하는 '기쁨, 슬픔, 소심, 까칠, 버럭' 다섯 가지 감정이 등장한다. 작품의 실제 주인공은 '기쁨'이다. 다섯 감정 중 가장 먼저 생겨났으며, 감정 컨트롤 타워의 리더인 기쁨이는 라일리가 언제나 행복하기를 바란다. 또 어떤 일이 있어도 슬프고 우울해서는 안 된다고 여긴다. 기쁨이의 대사를 살펴보자.

(기쁨이가 슬픔이 주변으로 원을 그리며)

"이건 슬픔의 원이야. 모든 슬픔이 원에서 못 나오게 하면 돼."

"슬픔아, 너는 원 밖으로 나오면 안 돼!"

감정의 리더인 기쁨이는 바닥에 원을 그려 슬픔이가 그 밖으로 나오지 못하게 하며, 라일리의 행복을 위해 슬픔이를 버려 둔 채 혼자 본부로 돌아가려 한다. 영화 속 기쁨이의 모습은 화, 슬픔, 불안 등의 감정을 불편해하고 삶에 부정적인 영향을 준다고 여기며, 불편한 감정들과 가급적 거리를 두고 싶어 하는 우리의 모습과 비슷하다. 이와 같은 반응이 습관이 되면 우리는 마음의 신호에 무감각해지고, 이대로 익숙해져 버리면 결국 마음과의 소통이 불가능해진다.

반대로 삶에서 경험하는 즐거움, 평온, 재미 등 긍정적인 경험과 더불어 후회, 불안, 화, 분노 등 부정적으로 경험하는 감정 역시도 내 삶의 일부로 인정하고 받아들인다면 우리는 세상과 진솔하게 소통하고, 심리적 안정감을 경험할 수 있으며 나아가 진정한 마음의 주인이자 삶의 주인이 될 수 있다.

나도 마음을 내려놓고 싶다

마음은 '집착'이라는 특성이 있다. 생각하지 말아야지 하면 더 생각이 나고, 못하게 하는 일은 더 하고 싶다. 억압하고 누른다고 사라지지 않으며, 오히려 억압하기 이전보다 더 강력한 영향력을 미치기도 한다. 그래서 마음은 조절 불능의 골칫거리처럼 여겨질 때가 있다. 원하지 않는 생각, 유익하지 않은 감정들을 어떻게 해결해야 할지 난감하기 때문이다. 2018년 종영한 예능 프로그램 〈효리네 민박〉에서 출연진 둘이 새벽 요가를 다녀오던 길에 '집착'을 주제로 대화를 나눈 장면이 있다.

"저는 평정에 집착하는 것 같아요. 제가 들떴다는 느낌이 들면 기분이 안 좋거든요. 통제력을 잃었다는 생각 때문에……. 저는 그걸 놓고 싶기는 해요."
"나는 너무 들떴다가 너무 가라앉았다가 기복이 심해서 평정심을 갖고 싶은데, 이런 나를 어떻게 놓아야 할지는 모르겠어."

두 사람의 대화 주제는 내가 늘 궁금해하던 것이었다. 마음을 조절하는 방법이 있을까? 내려놓는다는 것은 무엇이고 대체 어떻게 하는 것일까? 마음을 내려놓고 싶다는 것은 결국 마음이 편안해지길 바란다는 것 아닐까? 앞서 말한 것처럼 '마주하고 수용하는 방식'은 마음 챙김의 핵심 기술이다. 이를 위해서는 '비판단'하는 태도가 전제되어야 한다. 내려놓고 싶지만 내려놓을 수 없는 것은 당신이 마음에 '반응(판단 평가)'하기 때문이다. 심리적 평온함이 필요할수록 마음의 경험에 반응하지 않고, 마음의 경험을 있는 그대로 마주할 수 있어야 한다.

마음 챙김을 만나는 방법

유독 마음이 복잡하고 어지러운 날이 있다. 생각이 끊이지 않는 날이 특히 그렇다. 어떤 활동을 해도 집중하기 어렵고 몰입도 되지 않는다. 순식간에 오만가지 생각이 들면서 '산만한 하루'가 되어 버린다. 이런 날, 마음을 관찰한 적이 있는가? 호기심을 가지고 지금 떠오르는 생각과 감정들을 관찰하기 시작하면 가장 먼저 만나는 것이 바로 '마음의 산만함'이다.

'왜 저렇게 행동해?' ▷ 마음에 안 드는 이유 찾기

'왜 나한테 그래?' ▷ 억울한 이유 찾기

'당신이나 잘해!' ▷ 비난할 내용 찾기

'흥, 웃기네! 정말 꼴 보기 싫어!' ▷ 분노, 화, 분한 마음

'괜히 그런 말을 했나 봐. 난 정말 멍청해.' ▷ 자책

'조금 더 멋지게 행동했어야지. 바보!' ▷ 수치심

'그때 이렇게 얘기를 했어야 했는데……' ▷ 후회

상황의 부정적 측면에 생각의 초점이 맞춰지면 온갖 생각들이 떠오르기 시작하고, 생각할수록 화가 나며 점점 혼란스러워진다. 머릿속이 복잡할수록 책상에 앉아 떠오르는 생각을 노트에 적어 보자. 생각을 글로 표현하는 과정은 이를 명료하고 구체적으로 관찰할 수 있게 도와준다. 또한 손으로 직접 글을 쓰면 뇌가 활성화되고 연결성이 높아져 더 몰입할 수 있다.

① 차분히 앉을 공간, 노트와 펜을 준비한다.

② '지금 내 마음속에 떠오르는 생각'이라고 제목을 적는다.

③ 마음속에 떠오르는 생각들을 작성한다. 글로 쓰거나 아래와 같은 그림에 키워드를 적는다.

④ 떠오르는 생각과 자기 자신이 동일하지 않음, 즉 '내 생각'이 아니라, '내가 경험하는 생각'임을 인식하자.

⑤ 다음 페이지의 그림을 활용하여 머릿속에서 떠오르고 사라지는 생각들을 기록한 다음 한 발짝 물러서서 객관적으로 관찰하자.

긍정적인 생각이 있고, 부정적인 생각도 있으며, 중립적인 생각도 있을 것이다. 떠오르는 생각들에 무분별하게 반응하지 말고, 구분해야 한다. 이는 마음에 끌려가는 대신 자신이 마음을 주도하고 조절하기 위한 첫 시작이라는 점에서 매우 중요하다.

변수투성이

육아

아이들의 성장은 참으로 놀랍고 신기하다. 50센티미터로 태어난 신생아가 속싸개에 꽁꽁 싸여 꼬물거리더니 목을 들고, 뒤집고, 기고, 서기 시작했다. 돌이 지나자 아장아장 걷고, 쫑알쫑알 말을 하기 시작하더니 어느새 기저귀와 이별하고 화장실에서 용변을 스스로 해결할 수 있는, 그야말로 눈부신 성장을 거듭했다. 세 돌이 지나자 아이들의 키는 두 배로 자라 있었다.

하루는 아이들과 놀이터에 갔다. 신나게 킥보드를 타고 앞서 가던 아이들이 순식간에 눈앞에서 사라졌다. 여느 때처럼 엄마가 쫓아올 거로 생각했겠지만, 너무 빠르게 달려가는 통에 미처 쫓아가지 못했다. 어디에도 엄마가 보이지 않아 놀랄 아이들을 생각하니 눈앞이 캄캄해졌다. 허겁지겁 놀이터로 달려가 보니, 구석에 태연하게 서서 나를 기다리는 두 녀석이 보였다. 아이들의 아찔한 성장을 직면했던 날이었다.

아이들의 성장을 통해 기쁨, 보람, 의미를 경험하기도 하지만, 더불어 놀람, 근심, 피로감 등 다채로운 감정들을 느끼기도 했다. 아이가 아프거나, 넘어지고, 다치고, 눈앞에서 사라지는 위험한 상황을 맞닥뜨릴 때면 막막하고, 놀라고, 당황하고, 화가 나기도 했다. 어쩌면 육아의 본질은 '변화'일지도 모르겠다. 이제 좀 적응하나 싶으면 또 새로운 일상이 펼쳐지고, 그에 따른 새로운 이슈들과 문제 상황에 적응해야 하니 말이다.

변화무쌍한 육아의 과정들은 하루하루 달라지는 날씨와 사뭇 닮아 있다. 사랑스러운 아이들을 보면서 세상 어떤 것과도 바꿀 수 없는 행복을 만끽하기도 하지만, 몸과 마음이 회복 불가능하다 느낄 정도로 지치는 날도 있고, 주체하기 어려울 정도로 화가 나는 날도 있는 것이 육아의 현실이다.

나의 마음 상태를 날씨로 표현해 보자. 오늘 나의 마음 날씨는 어떠한가? 지금 이 순간의 마음 날씨는 어떠한가?

엄마의 마음 날씨	감정 상태
☀️ 맑음	즐거움, 기쁨, 생기, 기운 나는, 만족스러운, 행복한, 편안한, 여유로운
☁️ 구름	우울한, 무기력한, 슬픈, 피곤한, 귀찮은, 침울한, 허탈한, 허무한
🌧️ 비	화난, 짜증, 갑갑한, 근심스러운, 억울한, 불안한

감정을 잘 조절한다는 것은 항상 긍정적인 감정을 갖는 것을 의미하는 것이 아니다. 마음속에 다양한 감정이 존재한다는 사실을 알고 스스로의 감정에 관심을 가지는 사람들, 즉 마음을 마주하는 사람들이야말로 감정을 현명하게 조절하고 조율할 수 있다. 하루에도 몇 번씩 들쭉날쭉하는 감정으로 힘겨워하는 엄마라면 마음에 관심을 가지고, 마음 날씨가 지금 어떠한지 찬찬히 살펴보는 일부터 실천해 보자.

마음이 맑지 않을 때

평범한 일상, 예를 들면 청소, 식사 준비와 같이 아주 기본적인 일도 힘에 부치는 날이 있다. 마음이 흐리거나 힘든 날이다. 이런 상황에서 나타나는 반응을 스트레스라 부르며, 아래와 같은 심리적, 생리적, 행동적 반응을 동반한다.

심리적 반응	불안, 우울, 초조, 압박, 긴장, 절망
생리적 반응	근육 긴장, 두통, 소화 불량, 수면 장애, 호흡 곤란, 피로감
행동적 반응	폭음, 폭식 등 식습관의 변화 짜증, 화, 신경질 등 과민 반응 집중력 저하, 결근 등 생산성 저하

워킹맘의 스트레스 중 하나는 멀티플레이어가 되어야 하는 현실이 아닐까. 과거에 비해 요즘 가정의 모습이 많이 변화한 것도 사실이지만, '돕지 않는' 남편이나 '돕는' 남편이 있을 뿐, 여전히 가사와 육아의 주체는 엄마이다.

2023년 기준, 막내 자녀가 6세 이하인 유배우 가구(결혼한 부부가 함께 거주하거나 경제적 관계를 유지하는 가구)의 맞벌이 비중은 51.5퍼센트로 나타났다. 이는 처음으로 50퍼센트를 넘어선 수치로, 2022년의 47.6퍼센트에서 3.9퍼센트포인트 상승한 결과다.

여성의 사회생활 참여 비율은 증가했지만, 가사와 돌봄의 부담은 여전히 여성의 몫이다. 통계청의 2019년 '생활시간조사(통계청에서 5년마다 실시하는 24시간 활용 실태 조사)'에 따르면, 전 연령대

중 30대가 시간 압박을 가장 크게 느끼며, 그 비율은 75퍼센트에 달했다. 특히 미취학 자녀가 있는 경우, 79.9퍼센트가 시간 압박을 경험한다고 답했다. 맞벌이 가구의 시간 압박 조사에서도 남성(67.6퍼센트)보다 여성(70.3퍼센트)이 더 높은 비율을 보였다. 미취학 자녀가 있는 맞벌이 가구 여성의 총 노동 시간(일+가사+돌봄)은 하루 평균 7시간 34분으로 가장 길었으며, 일과 가사를 병행함에 따라, 개인 여가 시간이 가장 적은 것으로 나타났다. 가사와 육아, 사회생활을 모두 책임지는 엄마들의 하루는 몸이 열 개라도 모자랄 만큼 바쁘다.

가사와 육아를 맡고 있는 전업맘 그룹 역시 고되긴 마찬가지다. '잘하면 본전'이라고 할 만큼 가시적인 성과가 나지 않는 것이 육아와 가사의 특징이다. 사회생활과 같이 즉각적인 결과와 보상이 확실히 드러난다면 그나마 동기 부여가 될 것 같은데, 육아와 가사는 결과가 불분명하고 더디다. 양육에 대한 강한 책임과 함께 '엄마와 나' 사이의 정체성 혼란이 정신적 스트레스로 작용하기도 한다. 워킹맘이든 전업맘이든 각자 스트레스의 종류가 다를 뿐 '엄마'라는 역할을 맡는 순간부터 우리 삶은 멀티 플레이어의 숙명에서 벗어날 수 없다.

쌍둥이를 키우는 워킹맘으로서 시간적, 물리적 제약을 경험할 때마다 '엄마가 아니었다면 좋았을걸', '엄마가 아니었다면 더 잘 해낼 수 있을 텐데'라고 생각해 본 적이 있다. 내 처지를 한탄하며 내가 잃어버린 자유와 편안함이 그리워지는 순간이 오곤 했다. 그럴 때는 남편에게 애꿎은 화살을 보냈다. 혼자 낳은 자식도 아닌데 누구는 사회생활에 올인하며 커리어를 이어 가고, 나만 수많은 제약 속에 몸부림치고 있는 것 같아 억울하기도 했다. 엄마라면 누구나 한 번쯤, 충분히 떠올릴 수 있는 자연스러운 생각일 것이다.

미국에서 성경 다음으로 많이 읽힌 《아직도 가야 할 길》(최미양 옮김, 율리시즈, 2023)의 저자 M. 스캇 펙이 이야기했듯이 삶의 기본값은 문제이고, 고통일지도 모르겠다. 그는 인생에 대해 고민하지 않거나, 성장을 위해 노력하지 않는 사람은 행복해질 수 없다고 말한다. 삶에 주어진 문제를 직면하고, 이를 해결해 나가는 용기를 가진 사람만이 행복을 누릴 수 있다고 했다. 스트레스가 없는 사람을 본 적이 있는가? 아마 없을 것이다. 사람은 누구나 우울과 불안을 경험하고, 조금 더 강하게 분노나 화를 느끼며 살아간다. 다만 행복한 사람과 불행한 사람의 차이는 삶에 주어진 문제와 직면할 수 있는가, 그리고 그 문제를 해결할 수 있는가에 달려 있다.

부정하고 싶은 현실이 있는가? 그럴 때일수록 그 상황을 있는 그대로 마주할 수 있겠는가?

'내가 여러 가지 역할을 동시에 하느라 힘들구나.'

'혼자만 아등바등 애쓰는 것 같아 서럽고 억울하구나.'

스트레스에 잘 대처하는 사람들은 스트레스를 외면하거나 모른척하지 않는다. 그렇다고 맞서 싸우는 것도 아니다. 그들은 있는 그대로 직면하고 현실적인 방법으로 상황을 대처한다. 후회스럽고 힘든 상황에서도 긍정적인 믿음과 희망을 잃지 않고 고난을 극복하는 힘, 즉 '회복 탄력성'은 뼈아픈 현실을 마주하는 자에게 주어지는 보상이다.

맑은 날씨를 선택하고 싶다면: 심리적 자기 강화

"사람들 대부분은 '잘 되어 가는 일'에는 관심을 덜 갖는다."

영국의 철학자 길버트 라일의 통찰과 같이 우리는 자신이 좋아하는 일 또는 잘하는 일을 인식하지 못하는 경우가 많다. 이는 내 삶의 긍정 요소에 크게 의미를 두지 않는다는 것을 뜻한다. 만약 그렇다면 삶은 무기력하거나 그저 그런 상태일 확률이 높다. 심리학자들의 연구에 의하면 우울한 사람일수록 긍정 정서를 갖는 것을 별 것 아닌 일로 여기고 오히려 긍정적인 정서와 강도를 가라앉히는 경향을 보인다고 말한다. 《굿 라이프》(21세기북스, 2018)의 저자 최인철 서울대학교 심리학과 교수는 한 강연에서 자신이 좋아하는 일을 중요하게 여기는 태도와 행복의 관계에 관한 연구를 소개했다. 그는 대학생들에게 수강 신청을 하는 시나리오를 제시하며 다음과 같은 질문을 했다.

"여러분이 수강 신청하려는 이 과목이 여러분이 잘하는 과목임은 확실한데, 얼마나 좋아하는 과목인지는 모르는 상황입니다. 당신이 이 과목을 좋아하는지가 과목을 선택하는 데 있어서 얼마나 중요합니까?"

- 좋아하는 일인지 여부가 아주 중요하다.
- 좋아하는 일인지 여부가 그다지 중요하지 않다.

학생들은 과연 어떻게 답했을까?

행복감이 높은 그룹의 사람들은 자신이 그 일을 좋아하는지가 선택에 있어 '아주 중요하다'고 답했다. 하지만 행복감이 낮은 그룹의 사람들은 자신이 좋아하는지 여부가 '그다지 중요하지 않다'고 답했다. 두 집단의 차이는 '마음을 대하는 태도'였다. 한 그룹은 마음과 소통하고 있었고, 다른 그룹은 마음에 다소 무관심했다. 다르게 표현하면 '마음 챙김 그룹'과 '마음 놓침 그룹'이다. 찰나의 선택이든, 숙고가 필요한 의사 결정이든 선택의 기로에서 내면과 의사소통하는 사람은 삶을 자기답게 만들고, 만족스러운 방향으로 이끌 확률이 높다.

긍정적 정서 조절이란 자신에게 동기를 부여하고 자신을 최적화하는 힘을 의미한다. 삶에 고난과 역경이 찾아와 주저앉고 싶을 때 마음을 챙기는 사람들은 그 상황을 잘 극복하고 회복하는 모습을 보이곤 한다. 이는 스스로를 격려하고 끝까지 달려갈 수 있도록 자기 동기를 만들어 내기 때문이다. 비결은 자신이 행복한 순간을 이해함으로써 삶을 최적화하고 동기를 부여하는 것이다.

잠시, 마음 챙김

일상에서 마음 날씨에 주의를 기울이는 '마음 챙김'을 실천한다면 점차 내 마음이 어떤 상황에서 긍정적인지 이해할 수 있게 된다. 내게 동기를 부여하고, 삶의 활력 요소를 발견할 수 있다. 아이가 자고 있는 고요한 시간, 잠시 마음을 챙겨 보자. 딱 10초, 심호흡 세 번이면 충분하다.

'지금 나의 마음 날씨는 맑음이구나.'

마음에 조금 더 주의를 기울인다면 구체적인 감정을 알아차릴 수도 있다.

'내가 즐겁구나.'
'내가 자유롭구나.'
'내가 편안하구나.'
'내가 만족스럽구나.'

아이를 안고 살 냄새를 맡으며 잠시 마음을 챙겨 보자.

'내가 행복하구나.'
'내가 기쁨을 느끼고 있구나.'

일상 속 순간들에 '잠시'를 마련해 보자. 지금 상황에 주의를 기울이며 상황, 마음속 경험(생각과 감정, 감각) 등을 관찰한다면 차츰 자기만의 행복 지도를 채우는 솔직한 답들이 풍성해질 것이다. 이 답이 명료할수록 자신에게 동기를 부여하게 되고 삶을 보다 풍성하게 만드는 자원으로 활용할 수 있다.

나는 (   )할 때 기쁜 사람이다.
⑩ 꿈에 대해 이야기할 때, 가치관이 비슷한 사람을 만날 때, 아이와 손잡고 걸을 때, 아이들이 내 음식을 맛있게 먹어 줄 때, 친구와 신나게 이야기를 할 때, 취향에 맞는 음악을 들을 때

나는 (   )할 때 편안한 사람이다.
⑩ 자고 있는 아이의 얼굴을 보고 있을 때, 아이와 함께 산책할

때, 독서할 때, 요가 할 때, 따뜻한 차를 마실 때, 고요한 공간에 있을 때, 나 자신과 잘 소통하며 지낼 때

나는 (　　　　　)할 때 성취감을 느낀다.
　⑩ 계획을 세울 때, 해야 할 일을 몰입해서 마쳤을 때, 목표한 일을 완료했을 때, 아침 운동을 했을 때, 귀찮음을 잘 극복했을 때

나는 (　　　　　)할 때 살아 있다고 느낀다.
　⑩ 친구를 위로할 수 있을 때, 친구와 기쁨을 함께 나눌 때, 새로운 세상이나 경험에 대한 이야기를 들을 때, 뻥 뚫린 고속도로에서 운전할 때

더 나은 선택을 위한

마음 챙김

한창 바쁘게 식사 준비를 하고 있는데 아이들 방에서 싸우는 소리가 들렸다. 다투는가 싶더니 급기야 큰 소리가 오가기 시작했다.

"엄마, 엄마!"

"미안해! 미안하다고 했잖아!"

두 녀석은 자신의 목소리가 묻힐까 경쟁적으로 점점 더 크게 소리를 질렀다.

'신이시여!'

시금치를 데치고 있던 나는 혈압이 오르기 시작했다. 목이 뻣뻣해지고 어깨에는 힘이 들어갔다. '날카로운 고함'이 나오려는 순간, 나는 '깊고, 길고, 느린' 심호흡을 선택했다.

화내기(감정적 피드백, 관계 악화)와 훈육하기(건설적 피드백, 신뢰 유지 및 행동 개선), 선택의 갈림길에서 더 좋은 선택을 하기 위해 중요한 것은 무엇일까?

아이들이 잘 지키지 않는 기초 생활 습관부터 학습에 대한 규칙까지, 문제로 여겨지는 상황이나 행동을 바로잡아야 할 때 우리 마음은 마냥 긍정적일 수 없다. 이미 여러 번 이야기했기에 답답하고 화도 난다. 말을 하는 중에도 여러 가지 감정이 교차한다. 현명하게 대처해야 한다고 머리로는 생각하지만 감정적으로 대처하고 후회하는 일상이 반복되곤 한다. 더 이상 자책하고 후회하지 않기 위해, 더 현명한 선택을 하기 위해 가장 먼저 해야 할 일은 우리 마음, 엄마의 마음을 챙기는 일이다.

저명한 긍정 심리학자 바바라 프레드릭슨은 긍정 정서 연구를 통해 인간의 내면이 긍정적 상태일 때 확장적 사고와 행동이 가능하다고 말한다. 그녀는 긍정 정서가 사람들의 생각–행동 레퍼토리를 순식간에 확장하고, 확장된 레퍼토리들은 그들의 능력을 지속적으로 구축한다고 했다. 부정적인 마음 상태에 주의를 기울이고 내면을 진정시키는 것이 중요한 이유다. 감정 상태는 태도나 행동에 영향을 미친다. 이는 엄마의 양육이 오락가락하는 이유이기도 하다. 엄마가 어떤 마음 상태인지에 따라 화내기를 선택할 수도 있고, 훈육하기를 선택할 수도 있다. 예를 들어, 우리는 내면이 긍정적인 상태일 때 평소보다 더 확장된 관점을 가지고, 다양한 측면을 파악할 수 있다. 문제점과 더불어 가능성을 볼 수 있고 결과와 과정을 함께 살피며 약점과 강점도 동시에 볼 수 있게 되는, '관점의 전환 및 확장' 덕분이다. 엄마의 관점(마음)이 확장되면 단순한 지시나 명령과 같은 잔소리가 아닌 건설적인 소통을 선택할 수 있다.

화내기(마음 축소)	훈육하기(마음 확장)
엄마가 일방적으로 이야기한다.	아이의 이야기를 경청한다(언어와 행동).
강요한다.	공감하며 관점을 확장시킨다.
재촉한다.	구체적인 절차와 방법 등을 제안한다.
감정적으로 행동한다.	이끌어주고 기다린다.

〈어쩌다 어른〉이라는 TV 프로그램에 출연한 좋은연애연구소 김지윤 소장이 방청객들에게 사람들의 의사소통 방식에 관한

퀴즈를 냈다.

"상대방과 관계를 맺는 방식에 가장 지속적으로 영향을 미치는 것은 무엇일까요?"

① 지적 능력　　② 출생 순위
③ 경제적 안정　　④ 그날의 기분

방청객들은 어떤 답을 가장 많이 선택했을까? 바로 '그날의 기분'이었다. 사실 김지윤 소장이 전하고자 했던 것은 '출생 순위'에 따라 어린 시절부터 경험하는 상황들이 무의식적으로 의사소통에 영향을 준다는 사실이었다. 형제가 있는 사람, 외동인 사람, 첫째인지 둘째인지, 아니면 막내인지에 따라 경험이 다르기 때문에 소통의 방식이 달라진다는 것이다.

나는 많은 사람이 '그날의 기분'을 선택했다는 사실이 흥미로웠다. 그날의 기분 즉, 마음 챙김 여부가 의사소통 방식에 영향을 준다는 사실을 방증하기 때문이었다. 결국 아이를 비롯한 모든 인간관계에서 조화를 이루고 신뢰를 형성하기 위해서는 '자신의 마음을 챙기는 일'이 선행되어야 한다. 긍정적인 마음과 태도가 현명한 선택과 진솔한 소통의 지름길이다.

감사로 찾는 긍정의 균형

인간의 뇌는 생존을 위해 부정적인 경험에 더욱 민감하게 반응하도록 진화해 왔다. 이는 위험을 피하고 생명을 유지하기 위한 본능이다. 예를 들어, 한 엄마가 아이와 함께 공원에서 산책을 하는데 목줄을 하지 않은 개가 갑자기 다가온 상황을 생각해 보자. 아이는 물론 엄마도 깜짝 놀랄 것이고 두려움에 사로잡힐 것이다. 이때 겪은 두려움은 깊이 각인되고 후에 비슷한 상황을 맞닥뜨리면 평소보다 신경이 더 예민해진다. 이러한 부정 편향은 우리 일상에 영향을 미치며, 긍정적인 경험보다 부정적인 경험에 더 많은 주의를 기울이게 만든다.

여러 연구에 따르면, 사람들은 긍정적인 피드백보다 부정적인 피드백에 훨씬 더 큰 영향을 받는 경향이 있다. 이는 우리의 감정 상태에 부정적인 영향을 미치며, 결과적으로 스트레스, 불안, 우울감 등의 부작용을 초래할 수 있다. 이러한 경향은 특히 현대 사회에서 더욱 두드러지는데, 많은 사람이 일상에서 경험하는 다양한 스트레스 요인으로 인해 쉽게 부정적인 감정과 생각에 빠질 위험이 있다.

행복한 삶을 영위하기 위해서는 긍정적인 측면에 집중하는 것이 중요하다. 마치 동전의 양면처럼 우리 삶에는 문제의 이면에 가능성도 존재한다. 약점과 강점이 공존하며 위기와 기회가 동시에 찾아오는 법이다. 마음이 지나치게 부정적인 쪽으로 기울면 그 감정에 매몰되어 긍정적이고 희망적인 요소들을 놓치게 된다. 따라서 행복한 삶을 위해서는 반드시 균형 잡힌 관점을 유지하는 것이 중요하다.

내가 가지고 있는 것 중 없다면 불행해질 것 같은 세 가지를 아래에서 골라 보자.

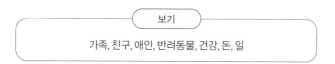

보기

가족, 친구, 애인, 반려동물, 건강, 돈, 일

이 질문은 우리가 가진 것들을, 당연하게 여겼던 것들을 새로운 시각으로 바라볼 수 있도록 돕는다. 사실 세 가지만 고르기 어려울 만큼 많은 것을 누리고 있다. 하지만 우리는 만족하지 못하고 쉽게 불평하고 못마땅하게 여긴다. 익숙함에 마음이 무뎌지고 점점 더 많은 것을 원하게 되면서, 결국 소중함을 잊고 감사와 만족도 느끼지 못하게 된다.

감사하는 마음을 갖는 것은 긍정성을 높이는 강력한 방법이다. 감사는 우리의 긍정적 경험을 더욱 풍부하게 만든다. 또한 일상의 작은 것들에 대한 소중함을 일깨워 주고, 만족감을 높이는 중요한 역할을 한다. 긍정 심리학에서는 감사를 '일상 속 좋은 일들을 당연하게 여기지 않고 소중하게 인식하는 태도'로 정의한다. 이는 감사를 일종의 선택적 인식으로 여기는 것과 같다.

감사를 경험하면 바람직한 변화가 일어난다. 첫째, 감사를 표현함으로써 건설적인 감정이 증가하고 스트레스와 불안이 감소한다. 둘째, 사회적 연결감이 강화되어 사람들과의 관계가 개선된다. 셋째, 전반적인 행복감이 증가하며 삶의 만족도가 높아진다. 넷째, 긍정적인 사고방식이 강화되어 부정적인 경험에서도 긍정적인 교훈을 찾을 수 있게 된다. 이러한 변화들은 결국 정신적, 정서적, 신체적인 건강으로 이어진다.

오늘 하루, 감사했던 순간 기록하기

오늘 하루를 되돌아보며 소소하지만 특별했던 감사의 순간들을
기록해 보자. 일상 속에서 느낀 감사함이 자신을 얼마나 풍요롭
게 만드는지 다시금 깨닫게 될 것이다.

감사 실천 4단계

① 결심: 오늘부터 '감사하기'로 삶의 긍정성을 높이겠다고 결
   심하자.
② 감사 준비: 노트와 펜, 따뜻한 차와 편안한 음악을 준비한
   다. 마음을 이완시킬 수 있는 공간이 좋다.

③ 감사 실천: 아래 질문을 참고하여 오늘 하루 내가 감사하게
  여기는 일 세 가지를 떠올리고, 노트에 작성해 보자.

Q. 오늘 나를 기분 좋게 한 일은 무엇인가?
⑩ 아이들이 "엄마, 오늘 학교에서 이런 일이 있었
어요!" 하며 밝게 얘기해 주는 모습에 큰 행복과 보
람을 느꼈다. 그래서 감사하다.

Q. 오늘 가장 고마운 사람은 누구인가?
⑩ 남편. 퇴근하자마자 식사 준비를 도와주는 배려
심에 마음이 따뜻해졌다. 아이들과 신나게 놀아 주
는 모습에도 행복을 느꼈다.

Q. 오늘 나의 건강에 고마운 점은 무엇인가?
⑩ 아프지 않고 건강하게, 즐거운 마음으로 가족들
을 챙길 수 있어서 감사하다.

Q. 오늘 날씨에 고마운 점은 무엇인가?
⑩ 알록달록 단풍잎들을 볼 수 있어서 기분이 좋
았다.

Q. 오늘 자신에게 고마운 점은 무엇인가?
⑩ 오늘 스스로를 잘 돌보며 휴식을 취할 수 있었다.

Q. 지금 내가 가진 것 중에서 가장 고마운 것은 무엇인가?
㉮ 스트레스를 잘 이겨 내려 노력하는 내 마음에게 고맙다.

Q. 오늘 가장 보람을 느낀 일은 무엇인가?
㉮ 쓰고 있는 글이 점점 매끄러워져서 뿌듯하다.

Q. 오늘 일어난 힘든 일 중에서 '그래도 다행'이라고 생각한 일은 무엇인가?
㉮ 새로운 일을 맡게 되어 막막했는데 ○○가 도움을 주기로 해서 너무 고맙다.

④ 감사 표현: 소중한 사람 또는 나에게 도움을 준 이들에게 감사의 편지나 메시지를 작성해 보자. 직접 전달하지 않아도 괜찮다. 글로 감사한 마음을 구체적으로 표현하고, 그 순간의 감정을 온전히 느낄 수 있게 된다.

감사 실천을 통해 우리는 일상에서 무심코 지나쳤던 작은 감사의 순간들을 되새기고, 긍정적인 관점을 더욱 키워 갈 수 있다. 이렇게 관점을 바꿈으로써 우리의 시선은 부족함에서 벗어나 풍요로움으로 이동하며, 삶 속에서 더 많은 기쁨과 만족을 경험할 수 있다.

부모의

감정 소통

누군가 여러분에게 '부모의 비전이 무엇이라고 생각하십니까?'
라고 묻는다면, 어떤 대답을 할 것인가?

보통의 부모라면, 아이가 성장하여 건강한 사회 구성원으로
자리 잡고, 그리 되도록 물심양면으로 돕는 것을 비전이라 답할
것이다. 엄마는 이 양육의 여정에서 리더라 해도 과언이 아니다.
부모가 되기 전에는 상상도 하지 못했던 양육의 세계에서 엄마
는 막중한 책임감을 가지고 정성을 쏟는다. 부모의 말과 행동을
스펀지처럼 흡수하는 아이들을 보면, 부모의 영향력이 얼마나

강력한지 새삼 깨닫게 된다. 이처럼 감당해야 할 것이 많은 부모의 역할은 우리를 진정한 어른으로 성장시킨다.

특히 부모의 내면과 감정은 아이들에게도 강하게 전염된다. 웃는 엄마를 보면 아이도 함께 웃고, 엄마의 화난 표정을 보면 아이도 덩달아 긴장한다. 이는 '거울 뉴런'이라는 뇌과학 이론으로 설명할 수 있는데, 우리 뇌는 타인의 감정과 행동을 마치 거울처럼 반사하여 공명한다고 한다. 아이는 부모의 감정을 무의식적으로 흡수하며 성장한다. 결국 부모의 마음이 양육에서 가장 중요한 요소이며, 엄마가 긍정적일 때 아이들 역시 긍정적인 마음을 갖게 된다.

긍정적인 마음을 아이들에게 전달하는 것은 어렵지 않다. 미소를 짓고 눈을 맞추며 쓰다듬어 주자. 네가 최고라고 엄지를 치켜세우자. 따뜻하게 안아 주고, 손을 잡아 주고, 어깨를 토닥여 주자. 적극적인 사랑 표현은 아이로 하여금 '내가 지금 사랑받는구나'라는 긍정적인 감정을 느끼게 한다. 이 모든 것이 부모의 사랑, 관심, 인정과 지지의 소통법이다.

UCLA 심리학과 명예교수 앨버트 메라비언은 소통에서 언어가 차지하는 비율은 겨우 7퍼센트에 불과하다고 말한다. 그렇다면 나머지 93퍼센트는 무엇일까? 모두 비언어적 요소이다. 비언어적 요소는 시각 요소와 청각 요소로 나눌 수 있다. 시각 요소로는 표정, 눈빛, 자세, 몸짓 등이 있으며, 청각 요소로는 발성, 호흡, 음색뿐만 아니라 말의 속도, 크기, 길이, 강세, 억양 같은 유사 언어적 특징이 포함된다.

감정 전달에서 막대한 비중을 차지하는 비언어적 소통은, 우리의 의도와 상관없이 상대방에게 감정을 전달하게 한다. 특히 정서적 스킨십과 진심 어린 소통은 아이들에게 안정감과 긍정적인 정서를 키우는 좋은 밑거름이다. 진심 어린 목소리와 행동으로 신뢰를 주는 엄마의 리더십은 아이의 성장을 돕는 중요한 역할을 할 것이다.

실천을 통한 마음 챙김

만 3세가 되면 아이들은 어린이집에서 인생 첫 사회생활을 시작한다. 이 시기의 아이들은 선생님과 친구들을 만나고, 집 밖의 새로운 공간에서 생활하며 사회에서 지켜야 할 규칙을 배워 나간다.

아이가 건강한 사회 구성원으로 성장할 수 있도록 부모는 아이에게 반드시 지켜야 할 것들을 알려 주고 가르치는데 주로 기본적인 예절에 관한 내용이다. 인사하기, 질문에 대답 잘하기, 친구에게 양보하기, 정리하기 등 더불어 살아가는 데 필요한 기본적인 행동들이다. 또한, 하지 말아야 할 행동에 대해서도 알려 준다. 무작정 떼쓰지 않기, 친구를 꼬집거나 때리지 않기, 나쁜 말을 하지 않기, 공공장소에서 소리를 지르지 않기 등이 이에 해당한다.

이처럼 우리가 예절이라 부르는 행동 양식은 단순한 규칙을 넘어, 타인에 대한 배려와 존중에서 비롯된다는 점을 알 수 있다.

행동은 단순히 마음의 결과물에 그치지 않고, 마음에 영향을 미치기도 한다. 즉, 행동과 마음은 서로 긴밀하게 영향을 주고받는다. 과학적으로도 자신감 있는 자세를 취하면 실제로 자신감이 향상되고, 미소를 지으면 행복감이 증진된다는 연구 결과들이 이를 뒷받침한다. 이는 신체와 마음이 유기적으로 연결되어 있음을 보여 준다.

용감해지려면 용감한 것처럼 행동하면 된다고 말한 아리스토텔레스처럼 긍정적인 행동을 꾸준히 실천하면 마음 역시 긍정적으로 바뀐다.

다음은 인간관계를 긍정적으로 변화시킬 수 있는 행동들이다.

- 상대방과 눈을 맞춘다.
- 밝은 표정으로 대한다.
- 공손하고 열린 자세로 대화한다.
- 상대방의 생각과 의견을 묻고, 경청한다.
- 감사 인사를 한다.
- 칭찬과 인정을 전한다.
- 잘못한 일은 사과한다.

이러한 행동들은 '커뮤니케이션 예절'에 해당한다. 타인을 존중하는 마음을 담은 행동이 바로 예절이기에 학교나 직장, 다양한 사회적 관계에서 필수적인 행동 양식이다. 이 모든 행동을 온전히 이해하고 실천할 수 있다면 이상적이겠지만, 그렇지 않더라도 방법은 있다. 바로 '실천'이다. 긍정적인 행동을 실천함으로써 존중의 마음가짐에 한 걸음 더 다가갈 수 있다. 법정 스님은 완전히 깨닫고 나서 행동하는 것이 아니라 행동하며 깨닫는 것이고, 행동 안에 깨달음이 있다며 실천의 중요성을 강조했다. 우리는 사랑과 존중을 표현하는 행동을 실천함으로써 그 감정을 진실되게 경험하고 그 의미를 더 깊이 이해할 수 있다.

part 4

단단한 마음을 위한

감성 리더십

노력하는 엄마라서 힘든 겁니다

노력하는 엄마라서 힘든 겁니다

가 보지 않은 길에

대하여

쌍둥이의 학교 참관 수업이 있던 날, 같은 반 친구 엄마가 내게
말을 건넸다.

"아까 수업 시간에 질문하시는 모습이 인상적이었어요. 저는
자신이 없어서 말도 못 꺼냈는데."

그 말을 듣고 내 학창 시절을 떠올려 보았다. 그때의 나는 생
각이 많고 궁금한 것도 많았지만, 많은 사람 앞에서는 정작 질문

하지 못하고 속만 끙끙 앓는 학생이었다. 사실 지금도 질문을 할까 말까 고민하다가 타이밍을 놓치는 경우가 많다. 그럼에도 과거의 내 모습과 현재의 내 모습은 많이 달라졌다. 무엇이 달라졌을까? 다름 아닌 '질문에 대한 신념'이다.

'망신당하면 어쩌지?'
'내 질문을 어떻게 생각할까?'
'주변 사람이 나를 어떻게 볼까?'
'내가 엉뚱한 질문을 하는 건 아닐까?'

과거의 나는 항상 억압된 내면의 생각에 갇혀 있었고, 이 생각들은 내 행동을 제한했다. 하지만 마음을 마주하는 시간이 쌓여갈수록 나는 나를 바로 볼 수 있게 되었다. 질문을 할까 말까 망설이며 답답해하고, 결국 타이밍을 놓쳐 후회하는 나를 발견했다. 아는 척 그냥 넘어가지 말고 모르면 모른다고 솔직하게 소통하고 싶은, 내면의 욕구와 동기를 알아차렸다. 나는 무심히 방치되어 있던 기존의 신념들을 직시하기로 결심했다.

'좀 엉뚱하면 어때? 부끄러운 일도 아니고, 차라리 지금 틀리고 제대로 아는 것이 낫지 않을까?'

'모르는 게 잘못은 아니잖아?'

'질문을 이상하게 생각하는 그 사람이 이상한 것 아닐까?'

'이상하게 생각하면 또 어때.'

'틀려도 괜찮아.'

'나처럼 이해 못 한 사람이 20퍼센트쯤은 있을 거야.'

힘들고 어렵지만 부정적인 감정을 계속 마주하다 보면 그 이면에 존재하는 욕구와 동기, 갈망을 알아차릴 수 있다. 염려, 걱정, 답답함, 후회, 자책과 같은 불편한 감정들 이면에는 보다 진솔한 삶으로 변화되기 원하는 동기가 존재한다. 불편함을 담담하게 마주하고 소통한다면, 삶은 이전보다 자연스러워지고 주체적으로 변화한다. 나의 신념은 무엇인지 생각해 보고, 다음과 같이 '재인식'해 보자.

① 불편함 마주하기: ⑩ 갑갑하다, 후회된다.

② 내면의 동기 마주하기: ⑩ 솔직하고 싶다, 이해하고 싶다.

③ 원하는 방향으로 재인식하기: ⑩ 질문은 정확히 이해하기 위한 멋진 행동이다.

당연히, 언제나, 반드시, 모두, 꼭, 항상, 무조건

'아이를 위해 헌신해야 좋은 엄마다.'

'아이와 놀아 줘야 좋은 엄마다.'

'아이의 문제 행동은 엄마 잘못이다.'

위 문장들은 사실일까? 마음을 놓치면 생각은 신념과 사실을 분별하지 못하고 쉽게 판단 오류를 일으킨다. 특히 삶에 문제가 발생했을 때 왜곡된 생각이 마음을 압도하면, 마음은 중심을 잃고 불행한 방향으로 흘러갈 수 있다.

'부모는 반드시 아이와 놀아 주어야만 한다.'

'부모는 당연히 아이를 위해 헌신해야 한다.'

'아이가 다쳤다면 그것은 모두 부모 책임이다.'

'부모는 언제나 자신보다 아이의 행복을 소중히 여겨야 한다.'

마음은 '당연히, 언제나, 반드시, 모두, 꼭, 항상, 무조건'과 같은 완벽하고 이상적인 생각을 덧붙이며 더욱 강력한 비합리적 신념들을 만들기도 한다. 현실적인 상황과 맥락을 살피지 못하고 차이를 용납하지 않으며, 완고한 생각의 틀에 갇힌 채 삶은 유연성을 잃어버린다.

비합리적 신념을 마주하다

몸과 마음에 긴장이 쌓이고 스트레스 조절이 힘들어질 때는 항상 요가 수업을 듣는다. 호흡을 가다듬고 조용한 음악에 맞춰 온몸의 긴장을 푸는 시간은 마음 챙김을 준비하는 소중한 순간이다. 그런데 어느 날, 선생님이 지나가며 내게 말했다.

"수련씨, 아직도 몸에 긴장이 많네요. 좀 더 꾸준히 수련하다 보면 더 좋아질 거예요. 긴장 풀고 호흡 가다듬으세요."

선생님의 말씀은 다소 충격적이었다. 그렇게 오래, 열심히 따라 했는데 아직도 긴장이 많다니. 분명히 하라는 대로 충실히 따랐는데 아직 갈 길이 먼 걸까? 이 사건 이후로, 나는 내게 좀 더 관심과 주의를 기울이기로 마음먹었다. 아마 이때가 마음 챙김의 출발점이었던 것 같다.

돌이켜 보면, 매트 위의 나는 요가에서 지향하는 바와 거리가 멀었다. 잘하고 못하고를 떠나 나를 내려놓아야 했는데 그러지 못했다. 매트 위에는 언제나 완벽하기 위해, 잘하기 위해 애쓰며 긴장하는 내가 있었다. 이 모습은 삶을 대하는 내 자세와 다를 것이 없었다. 누구보다도 간절하게 평온을 갈구했지만 이완하는 방법은 알지 못한 채, 더 경직된 자세로 삶을 대하는 내가 있었다.

심리학자 앨버트 엘리스는 인간에게 '합리적 신념'과 '비합리적 신념'이 동시에 존재한다고 말했다. 그녀가 제시한 비합리적 신념 열한 가지 중 나에게 해당하는 것이 바로 '개인적 완벽성'이었다. 개인적 완벽성이란 가치 있는 사람으로 인정받기 위해서는 모든 영역에서 유능하고 적절하며 성공을 거두어야 한다는 생각을 말한다. 탁월함을 추구하고 성취를 높이는 긍정적 측면이 있지만 이상적인 기대와 높은 목표가 조절되지 못하면 삶의 역기능을 초래할 수도 있다. 때로는 관계적인 역기능이 발생하기도 하는데, 자신의 높은 잣대를 타인에게 적용함으로써 잦은 오해와 갈등을 불러오거나 리더십에 문제가 생기기도 한다. 인간은 누구나 약점과 한계를 가지고 있는 존재이다. 모든 면에서 성공을 거두는 것은 현실적으로 불가능하므로 개인적인 완벽성을 추구한다는 것은 비실제적이고 비현실적이다.

개인적 완벽성을 추구하는 사람들은 특히 부정적인 결과나 실수를 쉽게 인정하지 못하는 경향이 있다. 작은 실수나 실패가 곧 자아 가치에 영향을 미친다고 여기며, 자신에게 비현실적으로 높은 기준을 부과하곤 한다. 이러한 사고방식은 과도한 자책, 불안, 자기비판으로 이어지기 쉬워 스스로 달성할 수 없는 목표를 강요함으로써 심리적 고통을 불러일으킨다.

실제로 나 역시 완벽해지겠다는 강박에 자존감이 낮아지고 정서적 고통을 겪은 적이 있다. 마음 챙김을 알기 전, 나는 유난히 지치고 방전되는 날이 많았다. 더 성공하지 못한 탓이라며, 혹은 내 마음이 나약해서 그런 것이라며 자신을 더욱 혹독하게 몰아붙였다. 세상과 싸우고 문제를 극복하고 이겨 내는 것만이 긍정적인 자질이라고 여겼다. 이런 삶을 반복하다, '더 나은 삶'을 연구하는 긍정 심리학 연구를 접하면서 비로소 나 자신에 대해 관심을 갖게 되었고, 자신을 되돌아보기 시작했다. 내가 지향하는 비전은 긍정 심리학과 같았지만, 접근 방식은 정확히 반대였다. 자신을 극한으로 밀어붙이는 방식이 아니라, 이해와 존중이 필요했다. 완벽한 결과나 눈에 보이는 성과에 연연하기보다는 내면의 진실함에 주의를 기울여야 했다. 완벽해지고 싶어 하는 나의 비합리적 신념을 알아차리고, 그 과정에서 조용히 나 자신과 소통하며 마음을 성찰할 때 비로소 삶에 깊이 몰입할 수 있었다.

바람직한 변화는 삶의 만족과 확신을 더해 준다. 무의식적으로 믿어 온 자신만의 신념들을 떠올려 보자. 불편한 감정을 직면하고 내면의 동기를 살펴보면 변화가 필요한 지점을 발견할 수 있을 것이다. 만약 심리적 불안이나 불만족, 불행, 성과 저하, 삶의 축소와 같은 신념들이 삶의 걸림돌이 된다면 과감하게 버리고 다른 행동을 선택하자. 이제는 삶을 긍정적으로 변화시키고 스스로 만족하며, 삶의 디딤돌이 될 긍정적인 신념들을 주도적으로 선택할 때이다.

앨버트 엘리스의 비합리적 신념 열한 가지

미국의 심리학자 앨버트 엘리스는 심리 치료의 인지적 혁명 패러다임 전환을 이끈 학자로 인지 행동 치료의 창시자로 불린다. 그는 아론 벡의 ABC 모델과 인본주의 접근 등을 고려한 인지행동치료인 '합리정서행동치료(REBT, Rational Emotive Behavior Therapy)'를 제안한 바 있다. 엘리스는 인간을 스스로 사고와 정서, 행동을 변화시킬 능력이 있는 성장 지향적인 존재로 보면서 인간의 사고, 행동, 감정이 매우 밀접하게 상호 작용한다고 보았다.

그는 인간의 문제가 외부적인 사건에 의해 만들어지는 것이 아니라 인간 내면에 존재하는 '비합리적인 신념'들에 의해 야기된다는 점을 과학적으로 밝혔다. 무의식적으로 형성된 비합리적 신념들은 우리의 삶에 걸림돌로 작용하고, 정서적·사회적 역기능을 초래한다. 앨버트 엘리스가 연구하고 제시한 인간의 비합리적 신념 열한 가지는 다음과 같다.

인정의 욕구	주위의 모든 사람들에게 사랑과 인정을 받아야 한다는 생각
개인적 완벽성	가치 있는 사람으로 인정받기 위해 완벽과 동시에 유능해야 하며, 성공을 거두어야 한다는 생각
비난 경향성	피해를 주거나 악행을 저지른 사람은 반드시 비난 또는 처벌받아야 한다는 생각
파국화	일이 뜻대로 되지 않을 때 인생은 끔찍하고 아무런 가치가 없다는 생각
정서적 무책임감	불행은 외적인 조건에 의한 것이며 슬픔이나 불안정은 어쩔 수 없다는 생각
과잉 불안 염려	위험하거나 두려운 일이 일어날 가능성은 항상 있으므로 늘 신경 써야 한다는 생각
문제 회피	어려움이나 마땅히 져야 할 책임을 직면하는 것보다 회피가 낫다는 생각
의존성	사람은 타인에게 의지해야 하며, 의지할 더 강한 누군가가 필요하다는 생각
무기력	과거 경험은 현재 행동을 결정하며, 과거의 영향을 벗어날 수 없다는 생각
타인 문제 관여	타인에 대한 과잉 배려로 타인의 문제나 불안정을 항상 신경 써야 한다는 생각
완벽한 해결	모든 문제에는 언제나 바르고 완전한 해결책이 있으며, 그것을 찾지 못하면 큰일이라는 생각

출처: Ellis, A. (1962). Reason and emotion in psychotherapy. New York: Lyle Stuart.

불안, 원망, 비판, 죄책감 등 불편한 감정을 마주하고, 그 이면에 존재하는 비합리적 신념들을 관찰해 보자. 미처 알지 못했던 자신만의 비합리적 신념들을 발견할 수 있을 것이다.

보이지 않는 것들을 마주하다:

불안과 실패

인간의 원시 뇌는 진화를 거치면서 주변 환경의 위협에 민감하게 반응하도록 설계되었다. 긍정적 신호보다 부정적 소음을 더 크고 명백하게 인지하도록 발달했다는 것이다. 연구에 따르면, 인간은 긍정적 신호보다 부정적 소음에 다섯 배나 더 민감하게 반응한다고 한다.

　문제는 부정적인 면에 지나치게 집중하는 경향성이 삶의 생산성과 만족감을 저하시킬 수 있다는 점이다. 겁먹은 뇌는 내적 동기, 희망, 비전, 가능성과 같은 긍정적인 신호를 포착하는 능력과 긍정적으로 변화하려는 노력을 실행하는 데 취약하다. 따라서 삶의 긍정성을 놓치지 않기 위해서는 부정적 신호에 편향되지 않는 '인지적 균형'이 필요하다.

현대인의 삶은 산만하다. 강렬하고 분주한 자극에 둘러싸인 자극 과잉의 시대이다. AI, 빅데이터와 같은 4차 산업 혁명 기술이 발전함에 따라 기업들은 고객의 관심을 끌기 위해 맞춤형 제품과 서비스를 지속적으로 노출한다. 작은 스마트폰 안에는 또 다른 세상이 펼쳐지고 어마어마한 정보들과 콘텐츠가 쏟아진다. 오늘도 매분 매초 범람하는 정보와 자극을 무분별하게 받아들이며 무심히 살고 있지 않은가? 짜릿하고 흥미로운 자극에 주의를 빼앗겨 정작 중요한 것은 놓치고 있지 않은가? 외부로 편중된 주의, 그로 인한 불안정한 마음은 나를 잃은 산만한 삶으로 귀결되기 쉽다.

불안 마주하기

불안을 피해야 할 신호로 여기던 시절, 나는 불안해지면 자리를 피했다. 마주한 상황을 해결하지 않고 회피했다. 불안에 대처하는 나만의 공식이 있었기 때문이다.

불안= 위험하고 힘든 일+일의 결과가 좋지 않을 거라는 암시

불안을 인정하는 것= 자신감이 부족한 사람이 하는 행동

불안을 인정하고 싶지 않았다. 부족한 모습을 들킬까 봐, 지금보다 더 부족한 모습이 될까 봐 차라리 외면하고 넘어가는 편이 더 좋은 선택이라고 생각했다.

마음을 다잡으려 해도, 유난히 불안감이 엄습하는 날들이 있다. 마음은 갈 곳을 잃고 불안감에 온몸이 지배되는 느낌을 받는다.

'안되면 어쩌지.'

'나만 왜 이러지.'

'난 왜 이렇게 소심하지.'

'결과가 좋지 않으면 어쩌지.'

'난 왜 이렇게 능력이 부족하지.'

온몸을 지배하는 생각들을 마주하며 부정적인 결과를 떠올렸다. 내 부족한 부분에 주의를 기울이며 상황을 왜곡시키는 내면을 마주했다. 일어나지도 않은 부정적인 상황을 실제 이상으로 과장해서 좌절과 불행을 유발하는 비합리적 신념이었다. 과잉

불안과 염려는 마음의 에너지를 소진하고 에너지를 비효율적으로 사용해 결과를 더욱 악화시킨다.

당당하게 변화의 동기를 마주했다. 나는 불안에 대한 신념을 긍정적으로 회복하고 싶었다. 이제 불안감이 엄습하면 이렇게 생각한다.

'뭔가 스스로 해결되지 않은 부분이 있구나. 만족스럽지 못한 점이 있거나 짚고 넘어가야 할 부분을 놓쳤나 보다.'

객관적·합리적 인식은 현실적으로 점검할 부분과 개선할 부분을 발견하고, 문제점을 바로잡는 것에 에너지를 활용함으로써 더 생산적인 결과를 이끌어 낸다. 이를 위해서는 마음속 왜곡된 생각과 비합리적 신념을 마주하는 용기가 필요하다. 회피하지 않고 마주하는 것이 생산적인 변화의 시작이다.

인지적 균형은 '용기 있는 자기 인식과 수용'에서 출발한다. 어떤 상황에서든, 비록 부정적인 상황이라 할지라도 있는 그대로의 모습을 깨닫고 수용할 수 있다면, 우리는 주어진 상황에 대처할 선택의 기회를 갖게 된다. 자기 수용은 자신의 장점뿐 아니라 단점과 한계까지도 인정하고 받아들이는 태도이다. 자신을 타인과 비교하거나 평가하지 않고 원하는 모습으로 꾸미지 않으며, 있는 그대로의 자기 자신을 마주하는 것이다. '현재', '지금', '있는 그대로'의 모습을 받아들이며 행동함으로써 자연스러운

부정 감정	감정의 기능	합리적 신념
두려움	알 수 없는 위험	"새로운 상황이 두려울 수 있어. 하지만 차근차근 준비해서 위험을 줄일 수 있어."
화	좌절, 상처	"무언가 나에게 상처를 주었구나. 이 상황을 분명히 하고, 내 감정을 표현할 권리가 있어."
슬픔	이별, 상실, 거리감	"이별과 상실은 허전함을 남기지만, 치유와 회복의 시간이 필요하다는 자연스러운 신호야."
부끄러움	모욕, 실수, 거부, 비밀	"실수나 거절은 내가 부족했다는 사실을 상기시켜 주지만, 이것이 내 가치를 떨어뜨리는 건 아니야."
혐오	부당함, 배신	"부당하다고 생각하는구나. 나의 가치와 원칙을 지키기 위해 필요한 경계를 설정할 수 있어야 해."

상태를 유지하고 마음의 가벼움을 느낄 수 있다. 이때 자기 수용
은 자기 자신을 믿고, 존중하는 태도이며, 힘과 유연함의 균형을
이루는 심리적 자원이 된다.

부정적 감정이 떠오를 때, 그 감정을 억누르기보다는 차분히
바라보며 내면의 메시지를 건네자. "지금 내가 어떤 필요를 느끼
고 있는 걸까?"라고 질문하며 감정의 원인을 이해하고 받아들이
자. 이렇게 감정을 있는 그대로 인정하면, 감정은 점차 가라앉고
상황에 대처할 힘이 생긴다.

부정적 감정은 실제로 우리의 생존과 정신적 건강에 유용한 역할을 하며, 특정한 경험에 대해 주의를 주거나 우리의 가치를 보호하려는 신호로 작용한다. 감정을 합리적 신념과 연결할 수 있다면, 이러한 감정들이 피해야 할 것이 아닌, 우리에게 필요한 행동을 제안하는 '알림' 역할을 하게 된다.

이렇게 감정을 받아들이고, 합리적 신념을 통해 대응하면 감정은 우리를 지치게 하는 것이 아니라 상황에 대한 더 명확한 시각과 대응 방법을 제시하는 힘이 된다.

실패 마주하기

실패가 유쾌한 사람이 있을까? 나는 성과를 내고 싶었다. 실패에 따르는 좌절, 절망, 실망과 같은 부정적 감정들이 아주 싫었다. '완벽하게 해내야지', '실수 따윈 없어', '기필코 해낼 거야'라는 마음속 생각들은 오히려 삶의 긴장도를 지나치게 높이곤 했다. 마음이 무거웠고, 묵직하고 단단한 돌이 가슴을 짓누르는 듯한 압박감이 느껴졌다. 성공을 추구할수록 생각이 복잡해졌고 행동은 조급해졌으며, 결과 역시 쏟아부은 노력만큼 생산적이지 못했다.

그러던 어느 날, 미국 영화 배우 피터 딘클리지의 에미상 수상 소감을 들으며 전율을 느꼈다. 사뮈엘 베케트의 시를 인용하며 '실패해도 괜찮다'는, 나에게는 다소 당황스러운 이야기를 했기 때문이다.

Ever tried. 시도해 본 적 있는가.
Ever failed. 실패해 본 적 있는가.
No matter. 상관없다.
Try again. 다시 시도하라.
Fail again. 다시 실패하라.
Fail better. 더 나은 방식으로 실패하라.

나는 나 자신에게 다음과 같이 질문했다.

'실패가 삶에 의미가 있을까?'
'실패해도 된다는 생각이 위험하지 않을까?'
'실패하면 마음이 많이 불편한데 그걸 잘 이겨 낼 수 있을까?'

흔히들 실패는 성공의 어머니라고 하지만, 그 말이 와닿지 않았다. 실패는 늘 아프고 불편하기만 했지 긍정적인 의미로 연결된 적은 없었기 때문이다. 이유는 단순했다. 마음을 마주하지 못했기 때문이었다. 그때까지 나는 실패가 불편하고, 불쾌해서 차라리 마음과의 소통을 끊어 버리는 길을 택했다.

실패= 힘들고 불편하고 헤쳐 나오기 힘든 일
실패= 삶에서 경험하지 않아야 하는, 되도록 피해야 하는 일

실패가 걸림돌이 아닌 디딤돌이 되기 위해서는 괴롭겠지만 실패를 바로 볼 수 있어야 한다. 아프고 괴로운 마음을 있는 그대로 받아들이고, 내재되어 있는 '딛고 일어나고 싶어 하는 동기'를 마주해야 한다. 그렇게 애쓰고 있는 자신에게 응원의 박수를 보내자. 마음을 마주한다면 실패는 더 이상 실패로 끝나지 않을 것이다. 실패를 담담히 마주해 본 경험, 그것을 회복하는 과정이 삶에 의미와 건강한 성장을 더하게 된다.

몇 년 전, 자기계발 세미나에서 같은 팀이었던 교육생과 '후회'를 주제로 이야기를 나누게 되었다. 가장 후회되는 일이 무엇이냐는 질문에 그녀는 '너무 열심히 일만 한 것'이라 답했다. 처음에는 이해가 가지 않았다. 열심히 일하는 것은 멋진 일 아닌가? 그녀는 살짝 한숨을 쉬며 말했다.

"제 꿈은 열심히 일하고 저축해서 집을 장만하는 거였어요. 별

보고 출근하고, 달 보고 퇴근하는 직장 생활을 했는데, 어느 날 보니 집값이 폭등했더라고요. 모은 돈으로는 어림도 없었죠. 억울하고 분했어요. 일만 한 게 오히려 독이 되었잖아요. 세상이 어떻게 돌아가는지 관심을 가졌어야 했는데."

극심한 스트레스로 무기력한 나날을 보내던 어느 날, 그녀는 후회와 자책에 매몰되어 허우적대는 자신을 발견했다고 한다.

"이미 지나간 일, 잃어버린 것만 보니 할 수 있는 게 후회밖에 없더라고요. 그걸 인정하니 내가 지금 할 수 있는 게 뭐가 있는지 생각하게 되었어요. 조금씩 희망이 보였죠."

이후 그녀는 가지고 있던 자금으로 매매할 수 있는 집을 찾아 부동산을 공부하기 시작했고, 결국 내 집 마련을 넘어 자산 투자까지 할 수 있게 되었다고 했다.

우리도 사연 속 그녀처럼 실패를 마주할 수 있을까? 실패에 조금 담담해질 수 있을까? 실패는 삶의 중요한 전환점이 될 수 있다. 실패를 두렵고 피해야 하는 것으로 인식하기보다 불편하더라도 담담히 마주하고 받아들여 보자. 실패를 마주할 수 있다면 마음속에 펼쳐지는 새로운 광경을 목격하게 될 것이다. 그것은 스스로 마음을 치유하고 회복하려는 기특한 나 자신, 아픈 마음을 추스르고 다시 중심을 잡기 위해 힘을 내는, 생각보다 용감하고 씩씩한 자신의 모습이다.

실패해도 괜찮다.

실패해도 성장한다.

실패는 전환점이 된다.

실패는 삶에 유익할 수 있다.

실패는 나의 성장 포인트를 알려 준다.

실패는 내가 놓치고 있는 것을 알려 준다.

실패는 이제 더 이상 실패가 아니다.

행복한 성취

2008년 2월, EBS 프로그램 〈아이의 사생활 4부, 다중 지능〉에서 인간의 지능에 관해 탐구한 내용이 방영되었다. 과거에는 지능 지수(IQ)가 성공을 예측하는 중요한 척도로 여겨졌다. 지능 지수가 높은 아이는 유능하고 장래가 밝다고 평가되었고, 반대로 지능 지수가 낮으면 무능하다는 편견이 존재하던 시절이었다. 그러나 지능 지수만으로 인간의 지능을 평가하는 데 한계가 있다는 인식이 확산되면서, 1983년 미국의 심리학자 하워드 가드너가 제시한 '다중 지능 이론'이 등장했다. 이 이론에 따르면 인간의 지능은 단일한 능력에 의존하지 않고, 여러 가지 유형의 지능이 상호작용하며 협력하는 방식으로 이루어진다. 가드너가 제시한다중 지능에는 언어, 논리 수학, 신체 운동, 대인 관계, 음악, 공간 등 여덟 가지가 포함된다.

언어 지능	말재주와 글솜씨로 세상을 이해하고 창작하는 능력: 언어 추리, 표현 어휘, 듣기 이해, 말하기 표현
인간 친화 지능	대인 관계를 잘 이끌어 가는 사람들의 능력: 사회적 리더십, 사회적 민감성, 타인에 대한 인식, 타인 이해 및 배려
자기 성찰 지능	자신의 심리와 정서를 파악하고 표출하는 능력: 자신에 대한 인식 및 효능감, 감정 인식 및 조절
자연 지능	환경을 인식하고 분석하는 능력: 관찰 능력, 분류 능력, 식물 이해, 동물 이해
공간 지능	도형, 그림, 지도, 입체 등을 구상하고 창조하는 능력: 입체, 평면, 공간 인식
음악 지능	음과 박자를 쉽게 느끼고 창조하는 능력: 리듬 지각, 선율 지각, 음악적 표현, 음악적 반성 및 참여
신체 운동 지능	춤, 운동, 연기 등을 쉽게 익히고 창조하는 능력: 신체 균형 유지, 신체 조절, 움직임 기억
논리 수학 지능	숫자나 규칙, 명제 등을 잘 익히고 만들어 내는 능력: 도형 추리, 수 추리, 계산 능력, 논리적 사고

어느 프로그램에서 자기 일에 만족감을 경험하는 그룹과 그렇지 못한 그룹을 나누어 지능을 비교하는 실험을 했다. 실험 결과, 자기 일에 만족감을 경험하고 있는 그룹의 경우 직업에 자신의

강점 지능을 활용하고 있었다. 예를 들어, '공간 지능'이 높았던 어느 피실험자의 직업은 패션 디자이너였고, '논리 수학 지능'이 높았던 피실험자의 직업은 의사였다. '신체 운동 지능'이 높았던 발레리나의 경우에도 강점 지능을 활용함으로써 만족스러운 직업 생활을 하는 것으로 밝혀졌다.

한편, 일에서 의미를 경험하지 못하는 그룹은 자신의 강점 지능이 직업에 활용되지 않는 것으로 밝혀졌다. 예를 들어, '논리 수학 지능'이 탁월한 피실험자의 직업이 가수이거나 '신체 운동 지능'이 탁월한 피실험자의 직업이 의사인 경우이다. 놀라웠던 점은 이들에게 희망하는 직업을 인터뷰한 결과 자신의 강점 지능을 활용하는 직업을 선택했다는 점이었다.

또 한 가지 흥미로웠던 결과는 일에 만족감을 경험하는 그룹이 가진 공통된 강점 지능 항목이었다. 그룹에 속한 모든 사람은 개별적인 강점 지능들과 함께 '자기 이해 지능'이 높은 것으로 나타났다. 특히 자신에 대해 주의를 기울이는 '자기 성찰' 능력과 강약점을 객관적으로 파악하는 '자각' 능력이 높은 것으로 나타났다.

이를 통해 우리는 자신을 잘 이해할수록 삶의 행복과 성취가 균형을 이룸을 알 수 있다. 마음을 마주하고, 내면과 소통하는 사람일수록 스스로를 깊이 이해함으로써 자신다운 판단과 선택을 하여 지혜롭게 삶을 이끌어 갈 수 있다.

보이지 않는 것들을 마주하다:

자기 비난과 부정 편향

'더 열심히 살아야지.'

'너 너무 한심한거 아니니?'

'너 이렇게 부족해서 어떻게 하니?'

'이렇게 살아서는 절대 성공하지 못해.'

'또 늦게 일어났네. 오늘도 완전히 망했어.'

그랬다. 마음이 자주 무너지던 그 시절 나는 마음을 방치한 채, '마음 놓침 습관'이 만드는 불행 에너지에 압도되고 있었다. 자신도 모르게 무심히 내던지는 습관적인 자기 비난이야말로 자신감과 자존감을 갉아먹는 가장 무서운 빌런이었다. 당시 《마지막 한 걸음은 혼자서 가야 한다》(정진홍 저, 문학동네, 2012)를 읽다가 인상적인 글귀를 만났다.

"무엇이 가장 아픈가? 무엇이 가장 고통스러운가? 또 무엇이 가장 스스로를 고뇌하고 번민하게 만드는가? 도대체 무엇이? 곰곰이 생각해 보니 그것은 다름 아닌 자기 자신 때문이었다. 스스로의 자책이 가장 아팠다."

삶에 내적 동기가 부족하다고 느끼는가? 지금 바로 마음을 마주하고 자신과의 소통 과정을 점검해 보길 바란다. 잘 살고, 열심히 살고 싶지만, 생각처럼 되지 않아 속상한 마음을 자신만큼은 알아 주자. 나만큼은 내 편에 서서 다독일 수 있어야 한다. 우리가 그토록 원하는 삶의 희망과 몰입은 외부의 세상이 주는 것이 아니라 온전한 내면이 뿜어내는 것임을, 그리고 자신의 마음을 챙기지 못할 때 보석 같은 삶의 동기와 잠재력이 힘을 발휘하지 못한다는 사실을 잊지 말자.

반추: 부정적 감정을 끊어 내다

과거의 부정적인 사건을 반복적으로 생각하는 것을 '반추反芻'라고 한다. 소가 되새김질을 하듯, 생각이 꼬리에 꼬리를 무는 것이다. 특히 생각은 생각에서 그치지 않고, 화, 분노, 원망, 억울함 등 부정적인 감정까지 끌어들이며 혼란을 초래한다. 그래서 습관적인 반추 성향은 심리적 문제들과 관련이 깊다.

비관적인 반추는 무기력의 원인이 된다. 마틴 셀리그만은 저서 《낙관성 학습》(우문식, 최호영 옮김, 물푸레, 2012)에서 비관적인 사람과 낙관적인 사람의 특징을 설명했다. 동일한 문제 상황에 직면하더라도 사람들의 대처 방식에 차이가 있는데, 그것은 상황에 대한 '설명 양식'이 정반대로 작동하기 때문이다. 좌절하고 포기하는 사람은 비관적인 설명 양식을 가지고 있었다. 문제 상황이 발생하면 문제가 오랫동안 계속될 것으로 믿으며(영속성), 나쁜 일들이 모든 일을 위태롭게 할 것(만연성)으로 생각하는 특징이 있었다. 그리고 나쁜 일들의 원인을 모두 자기 탓(내재성)으로 돌리는 경향이 있었다.

반면 낙관적인 사람들은 문제 상황에 직면하더라도 일시적이고 부분적인 문제라고 여겼다. 문제의 원인을 찾을 때는 자신의 책임 이외에 환경적인 변수들로 인한 부분까지 폭넓게 고려

했다. 그들은 문제를 잘 극복하면 새로운 기회나 성장의 발판이 된다는 신념을 가지고 있기에 문제 상황에 주눅 들거나 무너지지 않았다.

언젠가 도서관에 책을 반납하러 갔을 때의 일이다. 반납을 하고 돌아서는데, 사서가 나를 불러 세웠다.

"책 앞부분 10쪽이 없는데, 혹시 집에 보관하고 계신가요?"

"아니요, 처음부터 없었어요."

나는 책을 파손하지 않았기에 솔직하게 이야기했다. 그러자 사서는 한숨을 쉬며 이렇게 말했다.

"이럴 때는 10쪽이 없다는 걸 사서에게 말씀하신 다음 빌려 가시는 게 좋아요. 이 부분이 없으면 책이 의미가 없잖아요."

"……."

나는 아무 말도 못하고 도서관을 나왔다. 집으로 돌아가는 내내 복잡한 마음이 좀처럼 진정되지 않았다. 하루 종일 머릿속에 이런저런 생각과 화, 억울함, 후회가 소용돌이쳤다.

'내가 너무 예민한가?'

'지금 내가 의심을 받은 건가?'

'내가 너무 꼬아서 들은 건가?'

무엇보다 그 상황에 적절하게 대응하지 못한 내 모습이 머릿속을 끊임없이 맴돌았다. 상대의 날 선 공격을 멋지게 받아내지 못하고 멍청하게 당하기만 한 것 같아 분노, 후회, 억울함이 휘몰아쳤다. 생각하면 할수록 마음이 복잡해졌고, 부정적인 생각에 휩싸여 마음이 무척이나 괴로웠다.

'뭐 그런 사소한 일에 신경을 써. 그냥 잊어버려.' 사람들의 조언대로 멋지게 넘기고 싶지만, 말처럼 쉽게 되지 않을 때가 있다. 부정적인 생각의 굴레를 벗어나고 싶을 때 나의 설명 양식을 마주해 보자.

하지도 않은 일 때문에 필요 없는 비난을 받았던 그날, 나는 이 상황을 이렇게 설명하고 있었을 것이다.

'나는 왜 바보같이 당하고만 있었지?' (내 탓 하기)

'의심받은 것 같아서 불쾌하다고 표현하지 못했지?' (내 탓 하기)

'사서 때문에 하루를 몽땅 망쳤어!' (영속성)

'이제 도서관에서 절대 책을 빌리지 않을 거야!' (영속성)

'이 도서관은 직원 관리를 도대체 어떻게 하는 거야? 어디 한 번 두고 보자!' (만연성)

나의 부정적인 설명 양식은 내가 하지 못했던 말들, 하고 싶었던 말들, 그리고 했다면 좋았을 말들을 끊임없이 되새기며 도서관 트라우마를 만들어 내고 있었다.

부정적 반추를 돌려세우기 위한 인식의 균형

Q. 내 탓으로 여기고 있지 않은가?

Q. 상황을 비관적으로 보고 있지 않은가?

Q. 이 사건을 지나치게 심각한 것, 영속적이고 만연한 사건으로
받아들이고 있지 않은가?

예전에 참석한 마음 챙김 워크숍에서 나는 교수님께 이런 질
문을 던졌다.

"만약 제가 약속 시간에 늦어서 매우 불안한 상황일 때 내가 불
안하다는 사실을 마주했다고 한다면, 그래서 어떤 변화가 생긴
다는 건가요? 문제가 사라지는 건 아니잖아요?"

마음을 마주한다고 해서 약속 시간에 늦은 상황이 변하는 것
도 아니고, 불안한 마음이 불현듯 사라지는 것도 아닌데 도대체
무엇이 달라진다는 것인지 궁금했다. 이에 교수님은 이렇게 답
했다.

"맞아요. 그 상황 자체가 달라지진 않습니다. 다만, 그 상황을
마주할 수 있다면 마음은 바뀔 수 있어요. 상황을 바라보는 인식
과 그에 따른 감정이 달라지기 때문이죠."

그렇다. 마음 챙김을 연습하면 상황을 더 객관적이고 넓은 시야로 바라볼 수 있게 된다. 특히 상황을 비관적으로 바라보는 자신을 알아차릴 때, 부정적 감정에 휘말리지 않고 회복할 수 있는 기회를 얻는다. 우리의 인식과 관점이 확장될수록 동일한 상황을 다르게 경험할 수 있다. 지구인 관점에서 지구는 82억 명이 사는 거대한 행성이지만, 우주인의 관점에서는 그저 초록빛이 도는, 작은 별일 뿐이다.

나의 강점은 무엇일까?

《몰입의 즐거움》(이희재 옮김, 해냄, 2021)의 저자인 미하이 칙센트
미하이 교수는 삶의 질을 높이는 방법으로 '일상 속 알아차림'을
이야기했다. 삶의 질을 끌어올리려면 먼저 우리가 매일 하는 행
동이나 일을 세심하게 관찰하여 어떤 활동, 장소, 시간, 사람 옆에
서 어떤 감정을 느끼는가를 포착해야 한다는 것이다. 우리가 식
사 시간에 행복을 느낀다거나 여가를 즐기는 동안 곧잘 몰입 경
험에 이르는 것은 흔한 일이지만, 여기서 의외의 사실을 발견할
수도 있다.

내가 만난 사람들 대부분은 자기다운 일을 찾고 싶다고 말했
지만 그것이 무엇인지, 어떻게 찾을 수 있는지 방법을 잘 모르겠

다고 말했다. 사실 그것을 찾는 유일한 방법은 자신과의 연결 감각을 계발하는 일, 바로 마음 챙김이다. 당신 앞에 펼쳐진 삶의 순간들에 주의를 기울이고 마음과 진솔하게 마주할 수 있을 때 자기 자신을 이해할 수 있고 삶을 행복하고 의미 있게 만드는 요소들을 발견할 수 있다.

긍정 심리학 연구 결과 성공한 사람일수록 자신의 강점을 정확히 파악하고 이를 업무나 삶에 적극적으로 활용하는 것으로 나타났다. 일반적으로 사람들은 자신의 약점에 예민하게 주의를 기울이지만 강점을 발견하고 활용하는 일에는 시간을 투자하지 않는 경향이 있다. 강점 활용은 삶의 몰입도, 만족도를 높이고 생산성을 향상하는 데 도움이 되고 풍요로운 삶에 다가갈 수 있도록 한다.

지금 바로 자신의 마음을 마주하며 내면에 존재하는 강점을 발견해 보자. 아래 '행동 강점 키워드' 중에서 자신의 강점을 표현하는 단어를 세 가지에서 다섯 가지를 골라 동그라미로 표시해 보자.

행동 강점 키워드 (예시)

추진력 있는	앞장서는	중재하는	분석적인	배려하는	논리적인
목표를 달성하는	끈질긴	상냥한	객관적인	대화를 즐기는	탐구심이 많은

관리하는	직관적인	창의적인	신중한	사교적인	계획적인
실행력 있는	정리를 잘하는	표현을 잘하는	잘 도와주는	지적인	학습하는
주도적인	경청하는	격려하는	상상력이 풍부한	체계적인	결단력 있는
효율적인	세심한	융통성 있는	감성적인	깊이 생각하는	협력적인

▷ **나의 강점은**

[,   ,   ,   ] 이다.

만약 고르기가 어렵다면 자신에게 이런 질문을 건네 보자.

Q. 배우고 싶고 연습하고 싶고, 더 성장시키고 싶은 행동은 무엇인가?

Q. 신체적으로는 피곤하더라도 심리적으로 충전되는 느낌의 행동은 무엇인가?

Q. 아래 강점 중 이유가 뚜렷하지 않더라도 본능적으로 하고 싶은 행동이 있다면 어떤 것인가?

Q. 아래 강점 중 자신의 에너지를 고갈시키지 않고 활기를 주며, 자기다워지는 느낌을 주는 행동이 있다면 무엇인가?

강점 활용 (예시)

역할	강점	나다운 행동	강점 업그레이드
엄마	경청하는	아이 말을 끝까지 들어준다. 아이의 눈을 보고 이야기한다.	작은 일도 기쁘게 칭찬한다.
아내	상냥한	남편을 향해 미소를 보낸다. 남편에게 감사한 마음을 가진다.	남편의 안부를 자주 묻는다.
인간 관계	융통성 있는	대화를 즐겁고 편안하게 이끈다.	다양한 사람들을 만나며 폭넓게 교류한다.
업무	끈질긴	포기하고 싶을 때 한 번 더 해 본다.	쉽게 느껴져도 계획대로 끝까지 연습한다.

　마음을 마주하며 자신만의 강점을 발견하자. 찾은 강점을 활용해 몰입도를 높이고 자기다운 삶을 펼쳐 보자. 마음을 챙긴다면 누구든지, 얼마든지 해낼 수 있다.

삶의 주체성

되찾기

이사 전, 실내 공사를 할 때의 일이다. 업체를 선정하고 일을 맡겼지만 준비 과정, 진행 과정에서 예상보다 많은 시간과 에너지가 들었다. 매주 주말마다 콘셉트 회의와 자재 선정을 하느라 즐거우면서도 골치가 아팠다. 예산 범위 안에서 만족스러운 결과물을 만들기 위해 다양한 정보를 검토하고 고민해야 했는데, 선택하는 일이 정말 쉽지 않았다.

'이래서 사람들이 새 아파트에 입주하고 싶어 하는구나. 나도 예쁘게 만들어진 집으로 이사하고 싶다.'

하지만 고생한 만큼 보람은 컸다. 내가 원하는 요소들이 오롯이 반영된 결과물을 보는 일은 아주 만족스러웠다.

"우리 집도 바닥이 이렇게 밝은 색이었으면 좋겠어. 바닥이 나무 색이라 가구랑 맞추기가 여간 어려운 게 아니거든."

집들이를 하던 어느 날, 친구가 말했다. 얼마 전 별다른 고민 없이 새집에 살게 된, 내가 부러워했던 상황과 정확히 일치하는 친구였다. 마음 편하게 이사하는 상황이 마냥 부럽기만 했었는데, 오히려 친구는 세심하게 자신의 기호를 반영하지 못한 점이 아쉬웠다고 했다. 문득 이 상황이 삶의 모습과 다르지 않다는 생각이 들었다. 자신만의 기준을 가지고 삶을 세심하게 살피며 살아가는 일이 어렵고 고민스러울 수 있지만, 자기 이해와 성장, 만족스러운 결과를 얻을 수 있을 것이다.

《나를 모르는 나에게》(책세상, 2017)의 저자 하유진은 답을 말하기 전에 깊이 생각했는지, 얼마나 깊이 생각했는지, 내린 답을 자신이 얼마나 믿는지가 중요하다고 했다. 자신에 대해 깊게 알고 스스로를 믿으며 세상에 뛰어드는 사람과 그렇지 않은 사람의 인생은 달라질 수밖에 없다는 것이다. 자신에 대해 진솔하게 생각하고 고민하는 과정은 삶의 방향과 깊이를 변화시키고, 결과역시 바꾼다. 번거롭고 힘들고, 어려운 일임에도 불구하고 우리는 '삶의 주도성'을 선택할 수 있을까?

주체성 발휘: 작은 성공으로 삶에 동기를 부여하자

인간의 뇌는 편하고 익숙한 방향으로 생각하려고 하며, 새로운 것에 에너지를 쓰고 싶어 하지 않는다. 이를 심리학 용어로 '인지적 구두쇠 효과'라고 한다. 구두쇠가 돈(자본)을 사용하는 데 인색하듯, 뇌도 새로운 것을 알려는 인지적 노력을 하지 않으려는 경향을 의미한다.

우리를 둘러싼 산만한 자극들에 대해서도 뇌는 무심히 수동적으로 반응할 뿐, 주도성을 발휘하지 않는다. 방향이 틀리지 않는 경우에는 고민하지 않고 익숙한 방법을 선택하는 것이 효율적이다. 하지만 긍정적인 변화와 성장을 가로막고 수동적인 삶을 습관화하는 부작용을 낳을 수 있다. 익숙하고 편안하지만 한편으로 허전한 이유는 내면에 존재하는 주체성이 발휘되지 못하기 때문이다.

주체성을 가진 사람들의 공통적 특징은 삶에 꿈과 목표를 활용한다는 것이다. 꿈과 목표를 활용해 뇌의 인지적 구두쇠 시스템에 대응하고 삶을 능동적이고 주체적으로 살도록 한다. 삶의 동기를 회복하고 싶다면 목표를 마련하고, 이를 성취하는 '작은 성공'의 시간을 축적해야 한다.

꿈과 목표를 활용하는 일이 귀찮거나 불편하다는 사람들이 생각보다 많다. 그들은 현실과 미래의 간극을 불편하게 여긴다. 또 이루어지지 않을까봐 전전긍긍하며 막연한 미래를 꿈꾸는 일 자체가 너무 불안해서 차라리 없는 것이 낫다고 여긴다. 주체성을 발휘하는 일은 사실 많은 스트레스를 받는 일이다. 하지만 현명하게 판단해야 한다. 불편한 감정들을 외면하는 것이 올바른 선택일까? 불편함을 감수하는 것보다 얻는 것이 많다면 가치 있지 않을까? 꿈과 목표를 통한 혜택은 삶의 동기, 활력, 생기, 즉 좋은 삶을 사는 데 필요한 심리적 자원이다.

아이 친구 엄마로 알게 된 소민 씨는 영어 통번역을 하는 프리랜서였다. 그녀의 영어 실력을 직접 접하진 못했지만, 그녀는 부부싸움을 할 때 영어를 쓴다고 할 만큼 영어가 자유로운 듯했다. 어느 날 그녀에게 물었다.

"소민 씨, 앞으로 AI가 통번역도 다 해 주는 시대가 온다는데 굳이 영어를 힘들게 배워야 할까?"

"언니, 미국 라스베이거스에 가서 내가 좋아하는 공연을 언어 제약 없이 마음껏 볼 수 있다고 상상하면 두근거리지 않아요? 전 세계 어디든 자유롭게 여행할 수 있다면 더 넓은 세상을 보고 배울 수 있잖아요. 전 어렸을 때 그런 꿈을 꾸면서 공부했어요."

영어를 잘함으로써 누리게 될 자유로운 세상을 꿈꾸었던 것, 그것이 차이였다. 수준급 실력을 갖추고 있어도 그녀는 늘 노력했다. 영어에 대한 감을 유지하기 위해 아이를 등원시킨 뒤 영어 스터디 모임을 찾아갔다.

　꿈은 삶의 방향과 시간 자원의 우선순위를 제시한다. 누구에게나 공평하게 하루 24시간이 주어지지만, 어떤 사람은 시간을 쪼개어 효율적으로 활용하는 반면, 어떤 사람은 아쉽게 흘려보낸다. 그 차이는 바로 시간의 방향성이다. 방향을 잡고 싶다면 꿈을 활용해 보자.

부러운 감정 마주하기

꿈을 활용하기 위해서 부러운 마음을 관찰해 보자. 책을 보거나, TV 또는 영화를 보거나, 주변 사람들의 모습을 관찰할 때 마음속에 밀려드는 부러움을 관찰하는 것이다. 갑자기 부러움을 관찰하라니, 무슨 말인가 싶겠지만 이 행위를 통해 우리는 꿈을 활용하고 궁극적으로는 꿈을 실현시킬 수 있다.

- 나는 누가 부러운가?
- 왜 부러운가?
- 나의 구체적인 꿈과 동기는 무엇인가?

마음속에 꿈을 가진다고 해도 마음과 몸이 별개라면 꿈을 현실화하기 어렵다. 꿈을 실현하려면 몸과 마음이 연결되어야 한다. 이를 위해서는 실천 계획, 즉 목표가 필요하다. 부러움이 부러운 감정에서 끝나지 않도록 내면의 동기를 일으키고, 용기 있는 행동으로 이어질 수 있는 연결 고리를 만들어야 한다.

결혼을 한 후, 나는 자연스럽게 엄마가 되기를 꿈꾸었다. 그리 어렵지 않게 아이를 가질 수 있을 거라 생각했지만 현실은 그렇지 않았다. 주변에 결혼한 친구들이 하나둘씩 엄마가 되기 시작했다. 그들에게는 참 자연스러운 일이었지만 내게는 그렇지 않았다. 아주 특별히 어려운 일이었다.

원인 불명의 난임. 전문가들조차도 왜 임신이 되지 않는지 원인을 찾을 수 없었다. 이유를 알 수 없으니 치료법 또한 존재하지 않았다. 남들은 쉽게 되던데, 나는 왜 안 되지? 우울하고 막막한 감정이 가득 차올랐다. 돌이켜 보면 그때가 내 30여 년 인생에서 가장 어두운 시간이었다.

그럼에도 나는 활력을 되찾기로 결심했다. 부러운 시선으로 바라보는 것에 그치지 않고 주도적으로 행동하기로 했다. 정확하게 무엇을 어떻게 해야 하는지는 알지 못해도, 내 마음이 보내는 신호를 믿어 보기로 한 것이다. 그래서 작은 목표부터 세우고 달성해 보기로 했다.

나는 운동을 시작했다. 헤르페스와 혓바늘을 달고 살며 병원 문턱이 닳도록 드나들던 나를, 늘 피곤하고 지쳐 있는 내 몸을 더 이상 방치하지 않기로 했다. 아이를 갖기 위해 우선 건강한 몸을 만들기로 결심한 것이다. 내가 설정한 목표는 '일주일에 세 번 요가하기'였다.

　그다음 단계는 '운동을 지속할 수 있는 환경을 만드는 것'이었다. 목표는 지속될 때 비로소 의미를 갖는다. 그러니 목표를 달성하기 위한 적합한 환경을 마련하는 것 역시 중요하다. 삶을 성공적으로 변화시키는 사람들은 열정과 의지를 다지는 동시에, 그 의지가 자연스럽게 발현될 수 있는 환경을 적극적으로 조성한다. 나는 운동을 꾸준히 하기 위해 내게 맞는 운동 종목과 환경을 선택하고, 얻고자 하는 목표를 명확히 세웠다.

　먼저 집 근처의 요가 센터를 찾아 체험 수업을 신청했다. 센터와 집까지의 거리, 동선, 주차 공간, 분위기, 탈의실과 샤워 시설 같은 시설 요소는 물론 회원권 가격과 휴회 조건 등도 세심하게 검토했다. 내가 선택한 요가 센터가 운동을 지속할 수 있는 환경에 부합하는지 진지하게 탐색한 셈이다. 특히 신경을 쓴 부분은 운동 형태와 선생님의 수업 스타일이었다. 요가를 통해 신체 건강뿐만 아니라 '마음 챙김'과 '자기 이해 및 성장'을 이루고 싶었기에, 나의 운동 목적에 맞는 경험을 제공하는지 우선적으로 살펴보았다. 신중한 탐색 후에 내게 맞는 요가 센터를 선택했고, 그후 3년 동안 요가를 배우며 마음을 챙기기 시작했다. 이사 후에도 마음 챙김을 강조하는 요가 센터를 찾아 3년 가까이 수련을 이어 갔다. 코로나19 상황에서는 비대면으로 요가를 배웠고, 지금은 집에서 수련을 계속하고 있다.

요가는 단순히 신체적 유연성과 체력을 키우는 것을 넘어, 마음을 이완하고 내면과 연결되는 소중한 경험을 선사했다. 매트 위에서 자신과 소통하는 시간이 쌓일수록 내면의 대화는 깊어졌고, 삶은 점차 명료해졌다. 요가를 시작하고 4년이 지나 나는 쌍둥이를 임신하는 꿈을 이루며 진심으로 내 동기와 목표를 마주하게 되었다.

꿈을 현실로 이루기 위해서는 내면의 신호를 탐구하고, 이를 바탕으로 구체적인 목표를 세워 행동으로 옮기는 과정이 필요하다. 내면에서 출발한 동기는 삶의 강력한 원동력이 되며, 이를 믿고 행동할 때 꿈은 현실이 되어 다가온다.

목표 달성을 위한 SMART 원칙

SMART 원칙은 경영 컨설턴트인 조지 도란이 1981년 11월, 〈경영학 저널〉에서 소개한 목표 관리 기법이다.

- ● 구체적(Specific): 정확하게 무엇을 하려고 하는가?

- ● 측정 가능(Measurable): 목표 달성 여부를 측정할 수 있는가?

- ● 행동 지향적(Action-oriented): 행동 지향적인가?

- ● 현실성(Realistic): 현실적으로 달성 가능한가?

- ● 시간 제약(Time-bound): 분명한 기한이 있는가?

감성 리더십 발휘하기

심리학자 대니얼 골먼은 타인과 어울려 살아가는 사회에서 감성
리더십의 중요성을 대중화한 사람이다. 그는 1995년 출간한 《감
성 지능》에서 성공적인 리더십의 지표로 감성 지능을 제안했다.
또한 지능 지수는 출세와 성공의 20퍼센트만을 설명하지만 감
성 지능(EQ)은 그것의 4배인 80퍼센트를 설명한다고 하였다. 이
후 진행된 연구에서도 감성 지능을 갖춘 사람들은 더 건강한 정
신을 유지하고, 업무 수행과 리더십 발휘에 있어서도 탁월한 능
력을 보임을 알 수 있다.

그는 감성 리더십을 '리더가 인식과 자기 관리를 통하여 구성
원들의 감성을 명확하게 이해하고 구성원들과의 사회적 관계를

효과적으로 관리하는 능력'이라고 정의했다. 다음은 감성 리더십을 이루는 네 가지 요소를 정리한 것이다.

요소 1: 자기 인식

- 감성적 자기 인식 능력: 자신의 감정을 읽고 그 영향력을 깨닫는 것
- 정확한 자기 평가 능력: 자신의 장점과 한계를 아는 것
- 자기 확신 능력: 자신의 가치와 능력을 긍정적으로 생각하는 것

엄마의 감성 리더십
자아 인식 능력을 키워 자신의 감정, 강점, 약점 등을 파악한다. 자아 인식이 높은 엄마는 신념과 자신감이 있으며, 실수를 인정할 줄 안다. 자기 관리 능력이 뛰어난 엄마는 자제력, 정직성을 갖추고, 냉철한 판단력으로 가족에게 안정감을 준다.

요소 2: 자기 조절

- 감성적 자기 제어 능력: 파괴적인 감정과 충동을 통제하는 능력
- 솔직할 수 있는 능력: 있는 그대로 보여 주는 진실함

- 적응력: 상황 변화에 적응하고 극복하기 위해 유연하게 대처하는 능력
- 성취력: 자신이 정한 최선의 기준을 충족하기 위해 노력하는 능력
- 진취성: 주도적으로 나서고 기회를 포착하는 능력
- 낙천성: 모든 사물을 긍정적으로 보는 능력

> **엄마의 감성 리더십**
> 자기 조절 능력이 높은 엄마는 자신의 감정을 인식하고 조절하며, 갈등 상황에서도 차분하게 합리적 결정을 내린다. 스트레스 상황에서도 침착함을 유지하고 최선의 해결책을 찾으며, 자녀의 감정에 공감하고 이해하려 노력한다. 이러한 엄마는 비판을 수용하고 감정을 솔직히 표현하며, 가족에게 신뢰를 주고 긍정적인 가정 문화를 만들어 간다.

요소 3: 사회적 인식

- 감정 이입 능력: 다른 사람의 감정을 헤아리고 그들의 시각을 이해하며 그들의 생각에 적극적인 관심을 표명할 줄 아는 능력
- 조직적 인식 능력: 조직 단위에서의 흐름과 의사 결정 구조 등을 읽어 내는 능력

- 서비스 능력: 상대방의 요구를 알아차리고 그에 부응하는 능력

엄마의 감성 리더십

사회적 인식이 뛰어난 엄마는 가족의 감정과 필요를 잘 이해하며, 자녀의 비언어적 신호에 주의 깊게 반응한다. 다양한 문화적 배경을 가진 사람들과 열린 마음으로 소통하며, 갈등 상황에서도 자녀의 입장을 이해하려 노력한다. 또한, 긍정적인 상호작용을 촉진하고 자유로운 의견 교환을 위한 환경을 조성하며, 공감적 경청을 통해 가족 간의 신뢰를 쌓는다. 이러한 특징들은 가족의 건강한 문화 형성과 지속적인 성장에 기여한다.

요소 4: 관계 관리

- 영감을 불러일으키는 능력: 확고한 전망으로 사람들을 이끌고 동기를 부여하는 능력
- 영향력: 다양한 설득의 기술을 구사할 줄 아는 능력
- 다른 사람을 이끄는 능력: 적절한 피드백과 지도로 상대를 지지해 주는 능력
- 변화를 촉진하는 능력: 새로운 방향을 제안하고 관리하며, 사람들을 그곳으로 이끄는 능력

- 유대 형성 능력: 관계의 망을 만들고 유지하는 능력
- 팀워크와 협동을 이끌어 내는 능력: 팀을 구성하고 협력 체제를 조성하는 능력

엄마의 감성 리더십

관계 관리 능력이 뛰어난 엄마는 가족 구성원 간의 원활한 소통을 중요시하며, 자녀의 의견과 감정을 세심하게 경청하여 신뢰를 쌓는다. 갈등 상황에서는 침착하게 중재하고 문제 해결에 노력하며, 자녀의 강점과 약점을 파악해 필요한 지원을 아끼지 않는다. 또한, 협력을 장려하고 가족의 변화에 민감하게 반응하여 관계를 조정함으로써 긍정적인 환경을 만들어 간다. 이러한 태도는 가족의 행복을 증진시키고, 모두가 함께 성장하는 데 중요한 역할을 한다.

네 가지 요소는 서로 영향을 주고받으며 완성되지만, 그 기반은 '자기 인식'과 '자기 조절'이다. 마음을 챙기면서 자신과 소통하는 사람이 타인과도 건강하게 소통할 수 있고, 감정 조절을 넘어 주도적으로 감성을 삶에 활용할 수 있다.

신뢰를 키우는

방법

상대를 힘들게 하거나 피해를 주려는 의도는 아니지만, 자칫 자기중심성에 매몰되면 상대를 배려하거나 존중하지 못하게 된다. 이런 관계는 불화를 낳고 소통의 문제를 일으킨다.

나와 남편도 마찬가지였다. 결혼 후, 남편은 내가 시댁에서 사랑받는 며느리가 되길, 하루빨리 적응해 온전한 가족으로 자리매김하길 바랐다. 전혀 나쁜 의도가 아니었음에도, 이상하게 우리는 사사건건 서로 부딪혔다. 30년간 전혀 다른 가정에서 자랐고, 30년간 며느리도 아내도 아니었는데, 어떻게 갑자기 며느리가 되고 아내가 될까? 지금 와서 하는 이야기지만, 그때 남편은 아내가 왜 시댁을 불편해하고 낯설어하는지 전혀 이해하지 못했다고 한다. 그에게는 30년도 넘게 살았던 집이자 함께한 가족이었고, 부모님은 언제나 친절하고 상식있는 분들이었기에 더더욱 나를 이해하기 힘들었다고 한다. 의도야 어찌되었든, 남편은 이 문제를 철저히 자기중심적으로만 생각했다. 그래서 내가 왜 불편한지, 어떤 감정인지 알아차리지 못했다. 갈등에서 벗어나 관계를 회복하기 위해서는 서로를 이해하는 '역지사지'가 필요했다. 관점을 확장해야 했다. 서로의 생각과 입장을 존중하고, 이해하고, 배려하는 것이 문제를 푸는 열쇠였다.

관점에 관하여

사람은 누구나 자신만의 관점을 가지고 있으며, 이는 유전적인 특성, 가치관, 경험, 지식, 문화 등에 의해 형성된다. 우리는 관점을 통해 세상을 파악하고 이해하고 해석한다. 서울대학교 심리학과 최인철 교수는 관점을 '프레임'이라는 용어로 설명하면서, 드넓은 풍경을 어떤 프레임으로 촬영하느냐에 따라 그 느낌이 달라지듯, 같은 상황도 사람의 프레임에 따라 다르게 해석될 수 있다고 설명했다.

'@' 기호를 부르는 말은 나라마다 다르다. 중국은 '생쥐(Shēng-měi)', 남아프리카는 '원숭이 꼬리(Aapstert)', 덴마크는 '코끼리 코(Elefantensnabel)', 핀란드는 '고양이 꼬리(Kissanhäntä)', 프랑스는 '달팽이(Escargot)'라고 부른다. 각각의 문화와 언어에서 자연스럽게 발생한 명칭인 것이다. 이처럼 같은 사물이나 개념에 대해서도 각자의 관점과 표현 방식이 다를 수 있다.

의사소통할 때 상호 간의 관점 차이를 인식하지 못하면 자신의 관점에 지나치게 매몰되어 문제가 발생한다. 세계적으로 유명한 협상 권위자 스튜어트 다이아몬드 교수는 지나치게 자기 생각의 틀 속에 갇혀 있는 상태를 '자기중심성'이라고 칭했다. 자기중심성은 소통의 가장 큰 걸림돌이 된다. 개인적이고 자기중심적인 관점이 타인의 입장을 수용하거나 이해하는 것을 방해하여 결국 상대를 불신하게 하기 때문이다.

신뢰를 쌓는 소소한 지혜

행동 치료의 거장 조셉 월피는 인간관계 유형에는 세 가지가 있다고 말했다.

나 중심 vs. 너 중심 vs. 우리 중심

'우리 중심'의 다른 표현은 '존중'이다. 상대방의 생각, 감정, 판단, 결정 등을 인정하고 수용하는 것은 신뢰를 형성하는 필수 요소이다. 하지만 현실 속 상호 관계는 '나 중심'과 '나 중심'이 만나는 경우가 많다.

"너는 어쩜 그렇게 이기적이니?"

"너는 왜 너만 생각하니?"

입장과 관점이 서로 다르다 보니 상대를 이해하기보다 비난과 원망, 평가를 담은 말들로 상처를 준다. 오해는 쌓이고 쌓여 상황은 점점 악화되고, 대화는 점점 본질에서 멀어진다. 무언가 잘못되어 가는 것 같지만 상황을 어떻게 수습해야 할지 알 수 없어 당황스럽다. 잘못된 대화의 방향을 바로잡으려면 어떻게 해야 할까? 답은 하나다. 서로의 언어를 이해하려 노력하고 언어 이면에 담긴 관점을 인식해야만 한다.

친구 결혼식에서 들었던 주례사 중 잊을 수 없는 이야기가 있다. '천국과 지옥의 식사 시간'에 관한 것이다. 천국과 지옥의 모든 사람 앞에 맛있는 음식이 가득 차려져 있었다. 사람들 앞에는 자신의 키만큼 긴 숟가락이 놓여 있었다. 천국과 지옥의 분위기는 어땠을까? 지옥에서는 모든 사람이 긴 숟가락을 자기 입에 가져가려고 애쓰고 있었다. 누구 하나 배불리 먹지도 못하면서 사람들은 모두 화만 냈다. 서로 부딪혀 싸우고, 마음대로 되지 않는 숟가락질에 답답해하며 씩씩거리고 있었다. 한편, 천국의 모습은 너무나 달랐다. 긴 숟가락으로 음식을 떠서 상대방의 입에 넣어 주었다. 웃으며 이야기하고, 감사 인사를 전하며 서로 식사를 챙겨 주자 모두 배불리 먹을 수 있었다.

내 것이 먼저일 때, 내 것만 앞세울 때 인간관계는 불행해진다. 상대방의 존재를 인정하고, 존중하며 배려할 때 상대방뿐만 아니라 나 역시 행복할 수 있다. 인간관계에서 불협화음이 발생하는 상황을 살펴보면 상대방의 입장, 관점, 생각 등에 주의를 기울이지 않고, 경청하려 하지 않는다는 공통점이 있다. 또한 자신의 기준만을 고집하며 상대가 변화하지 않는다고 불평하거나 항상 남 탓을 하는 모습도 자주 볼 수 있다.

진솔함을 위한 내면 소통

결혼 후 나의 입장, 의사, 욕구를 진솔하게 이야기하기까지 족히 5년은 걸린 듯하다. 이전까지는 신뢰를 형성했다기보다 부부 중 한 명이 참고 양보하는 정도로 나쁘지 않은 관계를 유지하는 것에 불과했다. 나는 오랫동안 시행착오를 거친 뒤에야 비로소 그 이유를 깨달았다. 그것은 '내면 소통의 부재'였다. 마음을 바라보지 못하니 자기 이해가 부족했고, 타인은 더더욱 이해할 수 없었다. 마음속에 존재하는 경험과 솔직하게 소통할수록 타인과 세상을 향한 소통도 자연스러워진다. 내면에 담긴 욕구를 제대로 마주할 때 진솔하게 소통할 수 있다.

이렇게 하기까지는 생각보다 더 큰 용기가 필요했다. 불편함을 외면하지 않고 마주해야 했다. 서로가 어떤 상황인지, 어떤 욕구가 있는지, 무엇을 원하는지, 그리고 어떻게 해결했으면 좋겠는지, 명료하고 진솔하게 표현할 수 있을 때 신뢰를 잃지 않으면서 진심을 전달할 수 있다. 내면 소통이 깊어질수록 단단하고 건강해지는 마음은 자신을 넘어서 '우리 중심'의 진심을 전달할 수 있다.

분위기로 말하는 당신의 모든 것

긍정적인 분위기를 유지하며 산다는 것은 엄마이자 육아의 리더로서 큰 영향력이 있음을 의미한다. 엄마가 행복과 긍정의 에너지를 품고 있을 때, 그 에너지는 가정 곳곳에 스며들어 가족 모두에게 전달된다. 말 한마디, 표정이나 작은 행동 하나가 자녀와 배우자의 하루를 좌우할 만큼, 엄마의 역할은 가정 내에서 무엇보다 중요하다.

아이들은 엄마의 얼굴에서 평온함과 행복을 느끼고, 남편은 아내의 마음속 안정감을 통해 가정의 균형을 체감한다. 아침에 엄마가 짜증 섞인 목소리로 등교를 재촉한다면 그날 하루 아이들의 기분은 어떨까? 아마 짜증으로 가득해 조금만 건드려도 쉽게 화를 낼지도 모른다. 반대로 엄마가 웃으며 따뜻한 인사를 건넨다면, 아이들은 더 밝은 마음으로 즐겁게 하루를 시작할 수 있다. 리더로서 엄마는 가족 구성원의 감정과 경험에 큰 영향을 미치며, 엄마의 평정과 행복이 곧 가정의 평화를 만들어 간다고 할 수 있다.

긍정적인 분위기를 유지하기 위해, 엄마 역시 자신 마음을 챙기고 내면을 돌보는 시간을 가져야 한다. 엄마이기 때문에 자신의 감정을 숨기거나 희생해야 한다고 생각하기 쉽지만, 억눌린 감정은 결국 가족에게 다시 표출되기 마련이다. 그러므로 매일 잠시라도 호흡을 가다듬고, 자신의 감정을 이해하고 받아들이는 시간이 필요하다. 감정에 여유를 찾는 작은 마음 챙김이야말로 긍정적인 분위기를 만들어 가는 첫걸음이다.

현실 속 긍정은 어떤 모습일까? 다음은 엄마의 감성 리더십을 진단하는 항목이다. 긍정적인 내면에서 시작하는 엄마의 리더십을 성찰하자. 각 문항에 답하며 1(전혀 그렇지 않다), 2(그렇지 않다), 3(보통이다), 4(그렇다), 5(매우 그렇다)점으로 점수를 매겨 보자.

1. 나는 아이들과 함께 긍정적인 미래를 그리고, 꿈을 향해 나아갈 수 있도록 열정을 불러일으킨다.
2. 나는 아이들의 잠재력을 믿고, 그들이 최선을 다하도록 격려한다.
3. 나는 설득력 있는 대화를 통해 가족 구성원들의 생각과 행동에 긍정적인 영향을 미친다.

4. 나는 가족의 목표 달성을 위해 필요한 자원과 지원을 효과적으로 마련한다.

5. 나는 가정 내 변화의 필요성을 인식하고, 가족 구성원들에게 이를 효과적으로 전달한다.

6. 나는 가족 생활의 변화 과정에서 발생하는 저항을 이해하고, 적절히 대응하여 긍정적인 변화를 이끈다.

7. 나는 가족 구성원들과 개인적인 관심사를 공유하며, 신뢰 관계를 구축한다.

8. 나는 가족 구성원들의 감정을 이해하고 공감하며, 그들의 필요에 적절히 대응한다.

9. 나는 가정 내 협력적인 분위기를 조성하고, 가족 구성원들 간의 상호 존중을 촉진한다.

10. 나는 가족 활동에서 각 구성원의 강점을 파악하고, 적절히 역할을 분담하여 가족의 화합을 이끌어 낸다.

총점: (   ) 점

45점 이상(우수): 감성 리더십이 매우 뛰어남. 가족에게 긍정적인 리더십을 제공하며, 신뢰를 바탕으로 가족 구성원들과 강한 유대감을 형성함.

30~44점(보통): 가족들에게 긍정적인 영향을 주고, 가족의 필요를 이해하고 있으나 일부 개선이 필요함. 관계와 소통을 조금 더 발전시키기 위해 보통 이하의 항목들을 점검해 볼 필요가 있음.

29점 이하(부족): 가족 구성원 간의 소통과 공감, 가족 목표 달성을 위한 지원이 미흡할 수 있으며, 이를 위해 자기 성찰 및 리더십 개발이 필요함.

긍정의 힘을 깨달으면 가정에 안정과 행복이 찾아온다. 가족들에게 따뜻한 미소와 친절한 말, 진심 어린 지지를 전하는 엄마는 그 무엇과도 비교할 수 없는 소중한 존재다.

가족을 돌보고 아이를 키우며 우리는 수없이 많은 상황과 그에 따른 감정을 마주하게 된다. 모든 일을 직접 관리할 수 있으면 좋겠지만, 현실은 그리 녹록치 않다. 끊임없이 휘몰아치는 변화 속에서 흔들리지 않도록 지탱해 주는 힘은 결국 '나 자신'에게서 비롯된다. 자신을 믿고 이해하며, 진정으로 신뢰할 때 우리는 마음을 마주하며 감정을 조절할 수 있다. 이를 위해서는 내 스스로가 가장 든든한 '내 편'이 되어야 한다.

약 10년 전, 우연히 읽게 된 《샘에게 보내는 편지》(대니얼 고틀립

지음, 이문재, 김명희 옮김, 문학동네, 2007)는 나에게 큰 위로를 선사해 주었다. 그 책을 통해 나는 마음 회복의 정답이 이미 내 안에 존재한다는 사실을 서서히 깨달았다. 특히, 삶이 마치 망망대해에서 계속 헤엄쳐야 하는 것처럼 불안하다고 고백한 한 40대 여성의 이야기는 나의 모습을 비추는 거울 같았다. 그녀는 물속에 가라앉지 않기 위해 쉼 없이 팔과 다리를 움직이며 자신과 싸워 왔다고 했다. 대니얼 고틀립은 물 위에 떠 있으려면 발버둥을 멈추고 물을 신뢰해야 한다고 조언했다.

나 역시 내 마음과 소통하며 내가 어떤 사람인지, 어떤 삶을 살고 싶은지 조금씩 알아가고 있다. 요가와 명상을 통해 쌓은 마음 챙김 경험 덕분에 내 삶을 새로운 시각으로 바라볼 수 있었고, 세상과 끊임없이 싸워 오던 나 자신을 되돌아볼 수 있었다. 강해 보이려 애쓰던 나를 진정시키고, 내 연약함을 있는 그대로 받아들일 수 있었다. 완벽함에 대한 집착과 실패에 대한 두려움을 인식하고 수용하면서, 내 삶은 진정한 성장의 길로 나아가고 있다.

독자분들 또한 엄마로서의 삶이 때로는 고단할지라도, 나다운 방식으로 이 여정을 건강하게 이어 가길 소망한다. 이 책을 통해 자신에게 따뜻한 관심을 기울이고, 내면에 숨겨진 힘을 발견할 수 있기를 진심으로 바란다. 마지막으로 마음 챙김을 통해 새롭게 피어난 긍정적인 신념들을 함께 나누고 싶다.

단단한 마음을 위한 긍정 신념

1. 자기 수용과 성장

완벽하지 않아도 괜찮다.

나는 아이와 함께 성장한다.

실수를 통해 배운다.

성장하는 나를 인정한다.

지금 있는 그대로의 내가 가장 좋다.

2. 자기 돌봄과 감정 관리

나만의 시간도 중요하다.

내 몸과 마음을 돌보는 것도 육아의 일부다.

감정적인 순간에는 잠시 쉬어도 괜찮다.

내 감정도 존중한다.

도움을 요청하는 것은 나약함이 아니다.

3. 아이와의 관계 형성

아이에게 안전한 안식처가 되어 주자.

아이에게 모든 답을 줄 필요는 없다.

사랑을 표현하는 것은 항상 옳다.

아이의 속도에 맞추자.

지금 이 순간을 소중히 여기자.

4. 긍정적 관점과 마음가짐

작은 성취도 소중하다.

감사하는 마음을 잊지 않는다.

비교 대신 나의 방식을 존중한다.

변화에 유연하게 대처한다.

도전 속에서 성장의 기회를 발견한다.

습관처럼 미루던 엄마의 행복을 찾는 라이프 Re밸런싱

노력하는 엄마라서 힘든 겁니다

초판 1쇄 인쇄 2025년 1월 13일
초판 1쇄 발행 2025년 1월 20일

지은이 정수련

대표 장선희 **총괄** 이영철
책임편집 한이슬 **외주교정** 신대리라
기획편집 현미나, 정시아, 오향림
표지디자인 최아영 **본문디자인** 양혜민
마케팅 박보미, 유효주, 박예은
경영관리 전선애

펴낸곳 서사원 **출판등록** 제2023-000199호
주소 서울시 마포구 성암로 330 DMC첨단산업센터 713호
전화 02-898-8778 **팩스** 02-6008-1673
이메일 cr@seosawon.com
네이버 포스트 post.naver.com/seosawon
페이스북 www.facebook.com/seosawon
인스타그램 www.instagram.com/seosawon

ⓒ 정수련, 2025

ISBN 979-11-6822-368-4 03190

서사원은 독자 여러분의 책에 관한 아이디어와 원고 투고를 설레는 마음으로 기다리고 있습니다.
책으로 엮기를 원하는 아이디어가 있는 분은 이메일 cr@seosawon.com으로 간단한 개요와 취지,
연락처 등을 보내주세요. 고민을 멈추고 실행해보세요. 꿈이 이루어집니다.